DUDEN
Schülerhilfen

Gleichungen und Ungleichungen 1

DUDEN Schülerhilfen

DEUTSCH

Aufsatz 1
2. und 3. Schuljahr

Aufsatz 2
3. und 4. Schuljahr

Aufsatz/Erzählen
5. bis 7. Schuljahr

Aufsatz/Beschreibung
7. bis 10. Schuljahr

Aufsatz/Inhaltsangabe
7. bis 9. Schuljahr

Aufsatz/Bericht
8. bis 10. Schuljahr

Aufsatz/Erörterung
8. bis 10. Schuljahr

Schreibspiele
ab 3. Schuljahr

Lesespiele
ab 3. Schuljahr

Rechtschreibung 1
2. und 3. Schuljahr

Rechtschreibung 2
3. und 4. Schuljahr

Rechtschreibung 3
4. und 5. Schuljahr

Rechtschreibung 4
5. und 6. Schuljahr

Rechtschreibung 5
7. und 8. Schuljahr

Grundwortschatz
3. und 4. Schuljahr

Schön schreiben und gestalten
2. bis 4. Schuljahr

Grammatik
4. und 5. Schuljahr

MATHEMATIK

Grundrechenarten 1
ab 2. Schuljahr

Grundrechenarten 2
ab 3. Schuljahr

Größen und Maße
ab 5. Schuljahr

Rechenspiele
ab 4. Schuljahr

Gleichungen und Ungleichungen 1
5. und 6. Schuljahr

Rechenbäume – Terme – Texte
5. und 6. Schuljahr

Lösen von Sachaufgaben
5. und 6. Schuljahr

Flächen und ihre Berechnung 1
5. bis 8. Schuljahr

Körper und ihre Berechnung 1
5. bis 8. Schuljahr

Dezimalbrüche
6. Schuljahr

Teiler und Vielfache
6. Schuljahr

Brüche
6. und 7. Schuljahr

Dreisatz, Prozente, Zinsen
6. bis 8. Schuljahr

Aufbau des Zahlensystems, vollständige Induktion
ab 7. Schuljahr

Gleichungen und Ungleichungen 2
7. und 8. Schuljahr

Dreieckskonstruktionen
7. und 8. Schuljahr

Viereckskonstruktionen
7. und 8. Schuljahr

Bruchgleichungen und Bruchungleichungen
8. Schuljahr

Textgleichungen 1
8. Schuljahr

Gleichungen mit zwei Unbekannten
8. und 9. Schuljahr

Textgleichungen 2
9. Schuljahr

Quadratische Gleichungen und Ungleichungen
9. Schuljahr

Wurzeln und Potenzen
9. und 10. Schuljahr

Flächen und ihre Berechnung 2
9. und 10. Schuljahr

Körper und ihre Berechnung 2
9. und 10. Schuljahr

Trigonometrie
10. Schuljahr

Logarithmen und Exponentialgleichungen
10. Schuljahr

CHEMIE

Grundlagen der Chemie
8. bis 10. Schuljahr

Weitere Bände sind in Vorbereitung

DUDEN
Schülerhilfen

Gleichungen und Ungleichungen 1

Grundrechenarten und grundlegende Gleichungsformen

von Hans Borucki
mit Illustrationen
von Detlef Surrey

DUDENVERLAG
Mannheim · Leipzig · Wien · Zürich

Die Deutsche Bibliothek – CIP-Einheitsaufnahme
Duden-Schülerhilfen
Mannheim; Leipzig; Wien; Zürich: Dudenverl.
Früher im Verl. Bibliograph. Inst., Mannheim, Wien, Zürich
Mathematik. Gleichungen und Ungleichungen 1.
Grundrechenarten und grundlegende Gleichungsformen /
von Hans Borucki. – 2000
ISBN 3-411-70872-7

2., aktualisierte Auflage
Das Werk wurde in neuer Rechtschreibung verfasst.

Redaktion: Otto Reger
Herstellung: Petra Moll
Umschlaggestaltung: Mischa Acker
Satz: particular Preprint- & Medien-Service,
Axel & Kai-Uwe Schilling GbR, Königswinter
Druck: Druckhaus Langenscheidt KG, Berlin
Gedruckt auf Eural Super Recyclingpapier matt gestrichen
Bindearbeit: Schöneberger Buchbinderei, Berlin
Printed in Germany
ISBN 3-411-70872-7

Liebe Schülerinnen und Schüler,

eine der beliebtesten Tätigkeiten des Menschen ist das Vergleichen. Beim Sportwettkampf werden Weiten und Zeiten verglichen. Beim Einkaufen werden Preise verglichen. Beim Wandertag vergleicht ihr im Ausflugslokal den Inhalt eures Geldbeutels mit den Preisen auf der Speise- und Getränkekarte. Am Schuljahresende vergleicht ihr eure Noten mit denen eurer Klassenkameraden. Und wenn dieser Vergleich, was das Fach Mathematik betrifft, nicht zu euren Gunsten ausfällt, dann liegt es zumeist daran, dass ihr die mathematische Form des Vergleichens, das Lösen von Gleichungen und Ungleichungen, nicht beherrscht.
Diesem misslichen Zustand kann abgeholfen werden. Ein bisschen Übung genügt in den meisten Fällen. Und aufs Üben ist dieser Band der Duden-Schülerhilfen angelegt.
Die im 5. und 6. Schuljahr auftretenden Gleichungen und Ungleichungen werden ausführlich behandelt. Die verschiedenen Lösungswege werden in Wort und Bild vorgeführt. Zahlreiche vollständig durchgerechnete Beispiele leiten über zu umfangreichen Aufgabenblöcken. Gelegenheit zur Festigung des Gelernten ist also reichlich vorhanden.
Aber nicht nur das Lösen von vorgegebenen Gleichungen wird geübt, sondern auch das Aufstellen von Gleichungen aus einem Aufgabentext heraus. Ein kurzer Test am Ende eines jeden Kapitels ermöglicht die Überprüfung des Lernerfolges.

→

Vorwort

Um euch die Orientierung zu erleichtern, sind kleine optische Hilfen eingebaut. Besonders gekennzeichnet sind auf diese Weise

Formeln und **Regeln**, →

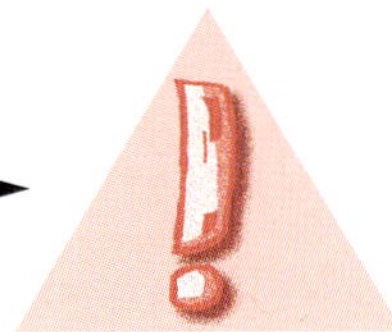

Beispiele, →

Übungsaufgaben →

und **Lösungen.** →

Und wenn ihr die Tests am Ende der einzelnen Kapitel mit Anstand hinter euch gebracht habt, dann könnt ihr dem nächsten Notenvergleich mit Gelassenheit entgegensehen, zumindest soweit er das Fach Mathematik betrifft.

Hans Borucki

Melrichstadt, im Frühjahr 2000

Übrigens: Über 50 Textaufgaben, die zu solchen Gleichungen führen, wie sie in diesem Band behandelt werden, findet ihr im Band „Lösen von Sachaufgaben" der Duden-Schülerhilfen.

1. Kapitel

2. Kapitel

3. Kapitel

4. Kapitel

Inhaltsverzeichnis

5. Kapitel

6. Kapitel

7. Kapitel

Die vier Grundrechenarten und ihre Proben

Gleichungen lösen kannst du nur dann, wenn du die vier Grundrechenarten beherrschst. Deshalb müssen wir zunächst das Wichtigste darüber wiederholen.

Zwei Zahlen kann man

	zusammenzählen (addieren):	$8 + 2 = 10$;
	voneinander abziehen (subtrahieren):	$8 - 2 = 6$;
	miteinander malnehmen (multiplizieren):	$8 \cdot 2 = 16$
oder	durcheinander teilen (dividieren):	$8 : 2 = 4$.

Diese vier Rechenarten, also
die Addition,
die Subtraktion,
die Multiplikation und
die Division,
bezeichnet man als Grundrechenarten.

1. Die Addition

Bei der Addition werden folgende Bezeichnungen verwendet:

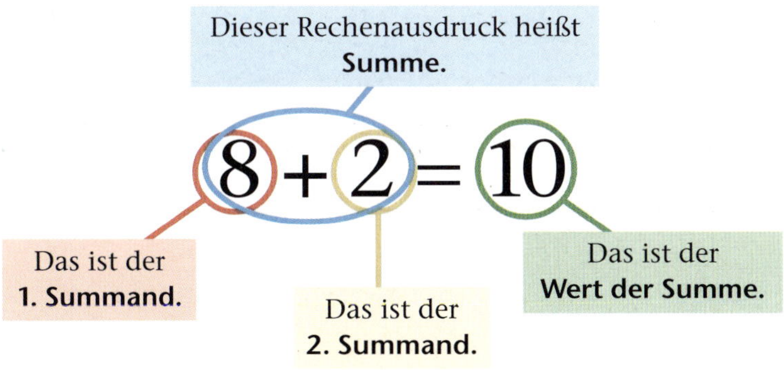

Wenn du nicht sicher bist, ob du den Wert der Summe richtig berechnet hast, dann kannst du zwei unterschiedliche Proben machen.

1 Die vier Grundrechenarten und ihre Proben

Du **subtrahierst** den **2. Summanden** vom Wert der Summe. Wenn du richtig gerechnet hast, dann erhältst du dabei den **1. Summanden:**

$$10 - 2 = 8$$

Weil das Ergebnis bei dieser Probe der 1. Summand ist, bezeichnet man sie als

Probe auf den 1. Summanden.

Du **subtrahierst** den **1. Summanden** vom Wert der Summe. Wenn du richtig gerechnet hast, dann erhältst du dabei den **2. Summanden:**

$$10 - 8 = 2$$

Weil das Ergebnis bei dieser Probe der 2. Summand ist, bezeichnet man sie als

Probe auf den 2. Summanden.

$$7384 + 3899 = 11\,283$$

Probe auf den 1. Summanden:

$$11\,283 - 3899 = 7384$$

Wert der Summe – 2. Summand = 1. Summand

Probe auf den 2. Summanden:

$$11\,283 - 7384 = 3899$$

Wert der Summe – 1. Summand = 2. Summand

1 Berechne den Wert der Summe und mache die Probe auf den 1. Summanden.

a) 346 + 487; **b)** 3988 + 9844; **c)** 2964 + 36 665;
d) 76 544 + 66 378; **e)** 34 096 + 104 567.

2 Berechne den Wert der Summe und mache die Probe auf den 2. Summanden.

a) 3487 + 9942; **b)** 77 554 + 84 254; **c)** 33 964 + 245;
d) 111 111 + 34 508; **e)** 77 954 + 12 365.

2. Die Subtraktion

Bei der Subtraktion werden folgende Bezeichnungen verwendet:

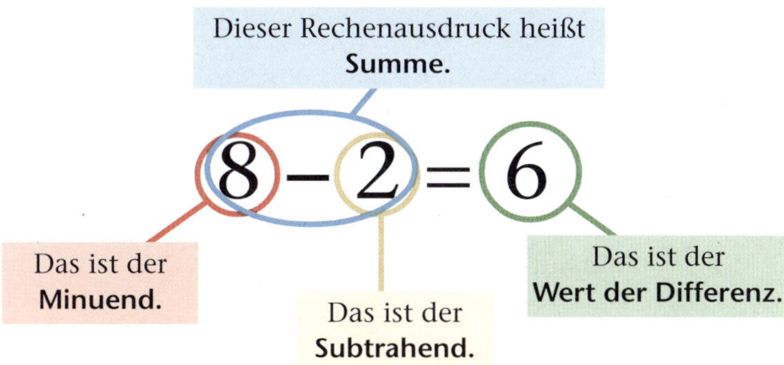

Wenn du nicht sicher bist, ob du den Wert der Differenz richtig berechnet hast, dann kannst du zwei unterschiedliche Proben machen.

Du **addierst** den **Subtrahenden** zum Wert der Differenz. Wenn du richtig gerechnet hast, dann erhältst du dabei den **Minuenden:**

$$6 + 2 = 8$$

Weil das Ergebnis bei dieser Probe der Minuend ist, bezeichnet man sie als

Probe auf den Minuenden.

Du **subtrahierst** den Wert der Differenz vom **Minuenden.** Wenn du richtig gerechnet hast, dann erhältst du dabei den **Subtrahenden:**

$$8 - 6 = 2$$

Weil das Ergebnis bei dieser Probe der Subtrahend ist, bezeichnet man sie als

Probe auf den Subtrahenden.

$$4367 - 2968 = 1399$$

Probe auf den Minuenden:

$$1399 + 2968 = 4367$$

Wert der Differenz + Subtrahend = Minuend

Probe auf den Subtrahenden:

$$4367 - 1399 = 2968$$

Minuend – Wert der Differenz = Subtrahend

3 Berechne den Wert der Differenz und mache die Probe auf den Minuenden.

a) 3467 – 1678; **b)** 7395 – 3988; **c)** 32 877 – 12 854; **d)** 123 657 – 34 699; **e)** 178 654 – 123 799.

4 Berechne den Wert der Differenz und mache die Probe auf den Subtrahenden.

a) 45 867 – 32 671; **b)** 56 893 – 7651; **c)** 144 677 – 2349; **d)** 333 333 – 45 673; **e)** 199 786 – 133 034.

3. Die Multiplikation

Bei der Multiplikation werden folgende Bezeichnungen verwendet:

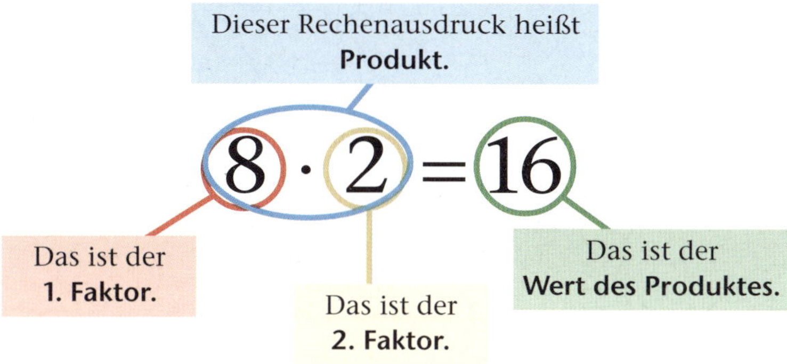

Wenn du nicht sicher bist, ob du den Wert des Produktes richtig berechnet hast, dann kannst du zwei unterschiedliche Proben machen.

Du **dividierst** den Wert des Produktes durch den **2. Faktor.** Wenn du richtig gerechnet hast, dann erhältst du dabei den **1. Faktor:**

$$16 : 2 = 8$$

Weil das Ergebnis bei dieser Probe der 1. Faktor ist, bezeichnet man sie als

Probe auf den 1. Faktor.

Du **dividierst** den Wert des Produktes durch den **1. Faktor.** Wenn du richtig gerechnet hast, dann erhältst du dabei den **2. Faktor:**

$$16 : 8 = 2$$

Weil das Ergebnis bei dieser Probe der 2. Faktor ist, bezeichnet man sie als

Probe auf den 2. Faktor.

$$135 \cdot 28 = 3780$$

Probe auf den 1. Faktor:

$$3780 : 28 = 135$$

Wert des Produktes: 2. Faktor = 1. Faktor

Probe auf den 2. Faktor:

$$3780 : 135 = 28$$

Wert des Produktes: 1. Faktor = 2. Faktor

5 Berechne den Wert des Produktes und mache die Probe auf den 1. Faktor.

a) $345 \cdot 78$; **b)** $125 \cdot 84$; **c)** $7589 \cdot 287$;
d) $34\,786 \cdot 345$; **e)** $40\,406 \cdot 907$.

6 Berechne den Wert des Produktes und mache die Probe auf den 2. Faktor.

a) $117 \cdot 68$; **b)** $3987 \cdot 564$; **c)** $12\,789 \cdot 534$;
d) $45\,689 \cdot 356$; **e)** $102\,030 \cdot 230$.

4. Die Division

Bei der Division werden folgende Bezeichnungen verwendet:

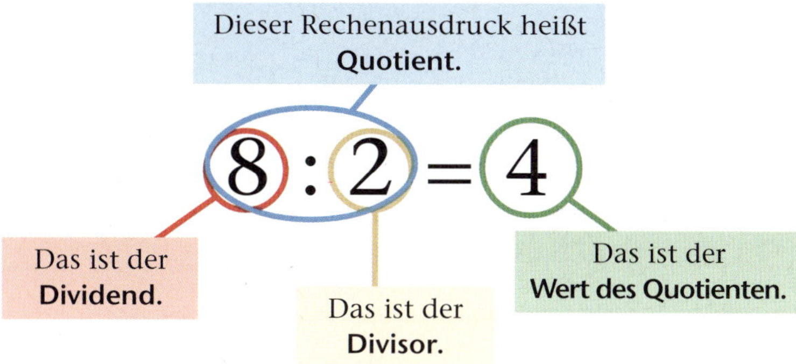

Wenn du nicht sicher bist, ob du den Wert des Quotienten richtig berechnet hast, dann kannst du zwei unterschiedliche Proben machen.

Du **multiplizierst** den Wert des Quotienten mit dem **Divisor.** Wenn du richtig gerechnet hast, dann erhältst du dabei den **Dividenden:**

$$4 \cdot 2 = 8$$

Weil das Ergebnis bei dieser Probe der Dividend ist, bezeichnet man sie als

Probe auf den Dividenden.

Du **dividierst** den **Dividenden** durch den Wert des Quotienten. Wenn du richtig gerechnet hast, dann erhältst du dabei den **Divisor:**

$$8 : 4 = 2$$

Weil das Ergebnis bei dieser Probe der Divisor ist, bezeichnet man sie als

Probe auf den Divisor.

1 Die vier Grundrechenarten und ihre Proben

43 152 : 123 = 348

Probe auf den Dividenden:

348 · 124 = 43 152

Wert des Quotienten · Divisor = Dividend

Probe auf den Divisor:

43 152 : 348 = 124

Dividend : Wert des Quotienten = Divisor

7 Berechne den Wert des Quotienten und mache die Probe auf den Dividenden.

a) 7990 : 34; **b)** 33 712 : 98; **c)** 10 701 : 87;
d) 25 863 : 233; **e)** 260 755 : 431.

8 Berechne den Wert des Quotienten und mache die Probe auf den Divisor.

a) 17 982 : 54; **b)** 655 344 : 72; **c)** 148 617 : 49;
d) 74 725 : 245; **e)** 306 030 : 505.

Zusammenfassung

Das hast du im 1. Kapitel gelernt:

Addition:					
a	$+$	b	$=$	c	$5 + 3 = 8$
1. Summand	$+$	*2. Summand*	$=$	*Wert der Summe*	
	Probe auf den 1. Summanden:			$c - b = a$	$8 - 3 = 5$
	Probe auf den 2. Summanden:			$c - a = b$	$8 - 5 = 3$
Subtraktion:					
a	$-$	b	$=$	c	$9 - 4 = 5$
Minuend	$-$	*Subtrahend*	$=$	*Wert der Differenz*	
	Probe auf den Minuenden:			$c + b = a$	$5 + 4 = 9$
	Probe auf den Subtrahenden:			$a - c = b$	$9 - 5 = 4$
Multiplikation:					
a	$\cdot$	b	$=$	c	$5 \cdot 3 = 15$
1. Faktor	$\cdot$	*2. Faktor*	$=$	*Wert des Produktes*	
	Probe auf den 1. Faktor:			$c : b = a$	$15 : 3 = 5$
	Probe auf den 2. Faktor:			$c : a = b$	$15 : 5 = 3$
Division:					
a	$:$	b	$=$	c	$18 : 6 = 3$
Dividend	$:$	*Divisor*	$=$	*Wert des Quotienten*	
	Probe auf den Dividenden:			$c \cdot b = a$	$3 \cdot 6 = 18$
	Probe auf den Divisor:			$a : c = b$	$18 : 3 = 6$

Test zum 1. Kapitel

Mithilfe des folgenden Tests kannst du überprüfen, ob du den Stoff des 1. Kapitels verstanden hast und seine Anwendung beherrschst. Wenn du mehr als 5 Fehler machst, dann solltest du das 1. Kapitel noch einmal durcharbeiten.

1 Berechne und mache die angegebene Probe.

a)	$328 \cdot 492$	Probe auf den 1. Faktor;
b)	$735 + 542$	Probe auf den 2. Summanden;
c)	$144 : 18$	Probe auf den Dividenden;
d)	$399 - 218$	Probe auf den Minuenden;
e)	$1744 + 3348$	Probe auf den 1. Summanden;
f)	$7930 : 26$	Probe auf den Divisor;
g)	$405 \cdot 317$	Probe auf den 2. Faktor;
h)	$2355 - 476$	Probe auf den Subtrahenden;
i)	$2021 \cdot 3005$	Probe auf den 1. Faktor;
k)	$9999 + 3257$	Probe auf den 2. Summanden;
l)	$35\,689 : 89$	Probe auf den Dividenden;
m)	$17\,438 - 8347$	Probe auf den Minuenden;
n)	$93\,407 + 12\,308$	Probe auf den 1. Summanden;
o)	$5940 : 108$	Probe auf den Divisor.

2 Berechne

a) die Summe aus 348 und 25 und mache beide Proben;
b) den Quotienten aus 288 und 16 und mache die Probe auf den Divisor;
c) die Differenz aus 3705 und 2122 und mache die Probe auf den Subtrahenden;
d) das Produkt aus 481 und 15 und mache beide Proben;
e) die Differenz aus 7308 und 2071 und mache die Probe auf den Minuenden;
f) die Summe aus 83 781 und 16 219 und mache beide Proben;
g) den Quotienten aus 5656 und 56 und mache die Probe auf den Dividenden;
h) das Produkt aus 607 und 480 und mache beide Proben.

Gleichungen mit natürlichen Zahlen, bei denen nur eine Grundrechenart auftritt

Gleichungen sind für uns zunächst nichts anderes als mathematische Rätsel. Die Zahlen, die dabei erraten werden sollen, verbergen sich in der Regel hinter dem Buchstaben x.

1. Gleichungen vom Typ x + a = b

Die Gleichung

$$x + 3 = 8$$

ist die mathematische Formulierung des folgenden Zahlenrätsels:

Zu welcher Zahl muss man 3 addieren,
um als Wert der Summe die Zahl 8 zu erhalten?

Wir haben mittlerweile so viel gelernt, dass wir die gesuchte Zahl nicht erraten müssen; wir können sie berechnen.

Und zur Berechnung bieten sich die folgenden beiden Verfahren an:

1. Verfahren:
Die Gleichung

$$x + 3 = 8$$

lässt sich als eine Additionsaufgabe auffassen, bei der der 1. Summand abhanden gekommen ist. Ohne langes Überlegen kannst du ihn mithilfe der **Probe auf den 1. Summanden** berechnen. Sie lautet:

1. Summand = Wert der Summe – 2. Summand

$$x = 8 - 3.$$

Und daraus folgt:

$$\underline{x = 5.}$$

2. Verfahren:
Die Gleichung

$$x + 3 = 8$$

sagt aus, dass man zur gesuchten Zahl x die Zahl 3 addieren muss, um die Zahl 8 zu erhalten. Das heißt aber nichts anderes, als dass die gesuchte Zahl x um **3 kleiner als 8** sein muss. Also gilt:

$$x = 8 - 3.$$

Und daraus folgt:

$$\underline{x = 5.}$$

2 Gleichungen mit nur einer Grundrechenart

Allgemein gilt:

Aus $x + a = b$

folgt $x = b - a$

Weitere Beispiele:

$$x + 537 = 1344$$
$$x = 1344 - 537$$
$$\underline{x = 807}$$

Mögliche Wortform der Gleichung: Zu welcher Zahl muss man 537 addieren, um 1344 zu erhalten?

$$x + 23\,555 = 45\,789$$
$$x = 45\,789 - 23\,555$$
$$\underline{x = 22\,234}$$

Mögliche Wortform: Welche Zahl muss man um 23 555 vergrößern, wenn man die Zahl 45 789 erhalten will?

$$
\begin{aligned}
x + 1\,738\,425 &= 3\,484\,444\\
x &= 3\,484\,444 - 1\,738\,425\\
\underline{x} &\underline{= 1\,746\,019}
\end{aligned}
$$

Mögliche Wortform: Ich habe mir eine Zahl gedacht. Wenn ich sie um 1 738 425 vergrößere, dann erhalte ich 3 484 444. Wie heißt die gedachte Zahl?

Die Mathematiklehrer legen Wert darauf, dass ***in jeder Zeile*** *des Lösungsweges* ***nur ein Gleichheitszeichen*** *steht! Und wenn diese Gleichheitszeichen dazu noch genau untereinander stehen, dann freut sie das ganz besonders!*

Also so:

$$
\begin{aligned}
x + 46 &= 125\\
x &= 125 - 46\\
\underline{x} &\underline{= 79}
\end{aligned}
$$

Und nicht etwa so:

$$
\begin{aligned}
x + 46 &= 125\\
x &= 125 - 46 = \underline{79}
\end{aligned}
$$

1 Berechne ebenso die gesuchte Zahl x. Gib für jede Gleichung auch eine Wortform an!

a) $x + 83 = 525$;
b) $x + 173 = 288$;
c) $x + 525 = 727$;
d) $x + 1244 = 4225$;
e) $x + 2411 = 3142$;
f) $x + 23\,486 = 24\,593$;
g) $x + 99\,999 = 101\,101$;
h) $x + 325\,717 = 400\,000$;
i) $x + 123\,456 = 654\,321$;
k) $x + 193\,425 = 200\,000$.

2 Stelle jeweils eine Gleichung auf und berechne die gesuchte Zahl.

a) Zu welcher Zahl muss man 2467 addieren, um 3487 zu erhalten?
b) Zu welcher Zahl muss man 23 456 addieren, um 50 000 zu erhalten?
c) Welche Zahl muss man um 3488 vergrößern, um 7589 zu erhalten?
d) Ich habe mir eine Zahl gedacht. Wenn ich sie um 450 vergrößere, dann erhalte ich 596. Welche Zahl habe ich mir gedacht?
e) Ich habe mir eine Zahl gedacht. Wenn ich zu dieser die größte dreistellige Zahl addiere, dann erhalte ich 1249. Welche Zahl habe ich mir gedacht?
f) Ich habe mir eine Zahl gedacht. Wenn ich zu dieser gedachten Zahl die kleinste dreistellige Zahl addiere, dann erhalte ich die größte vierstellige Zahl. Welche Zahl habe ich mir gedacht?

2. Gleichungen vom Typ a + x = b

Die Gleichung

$$4 + x = 7$$

beinhaltet dieses Zahlenrätsel:

Welche Zahl muss man zu 4 addieren,
um als Wert der Summe 7 zu erhalten?

1. Verfahren:
Die Gleichung

$$4 + x = 7$$

lässt sich als eine Additionsaufgabe auffassen, bei der der 2. Summand abhanden gekommen ist. Ohne langes Überlegen lässt er sich mithilfe der **Probe auf den 2. Summanden** berechnen. Sie lautet:

2. Verfahren:
Die Gleichung

$$4 + x = 7$$

sagt aus, dass die Summe aus der Zahl 4 und der gesuchten Zahl x gleich 7 ist.
Das heißt aber nichts anderes, als dass die gesuchte Zahl x um **4 kleiner als 7** sein muss. Also gilt:

2. Summand =
Wert der Summe – 1. Summand
$x = 7 - 4.$
Und daraus folgt:
$\underline{x = 3.}$

$x = 7 - 4.$
Und daraus folgt:
$\underline{x = 3.}$

Allgemein gilt:

Aus $a + x = b$
folgt $x = b - a$

Weitere Beispiele:

$$347 + x = 788$$
$$x = 788 - 347$$
$$\underline{x = 441}$$

Mögliche Wortform der Gleichung: Welche Zahl muss man zu 347 addieren, um 788 zu erhalten?

2 Gleichungen mit nur einer Grundrechenart

$$\begin{aligned} 7359 + x &= 13\,467 \\ x &= 13\,467 - 7359 \\ \underline{x} &\underline{= 6108} \end{aligned}$$

Mögliche Wortform: Um welche Zahl muss man 7359 vergrößern, wenn man 13 467 erhalten will?

$$\begin{aligned} 124\,678 + x &= 3\,456\,987 \\ x &= 3\,456\,987 - 124\,678 \\ \underline{x} &\underline{= 3\,332\,309} \end{aligned}$$

Mögliche Wortform: Ich habe mir eine Zahl gedacht. Wenn ich sie zu 124 678 addiere, dann erhalte ich 3 456 987. Wie heißt die gedachte Zahl?

3 Berechne ebenso die gesuchte Zahl x. Gib für jede Gleichung eine Wortform an.

a) $46 + x = 89$; **b)** $145 + x = 267$;
c) $568 + x = 2356$; **d)** $2389 + x = 4586$;
e) $6666 + x = 8735$; **f)** $45\,698 + x = 54\,378$;
g) $39\,986 + x = 50\,000$; **h)** $60\,066 + x = 75\,000$;
i) $189\,678 + x = 2\,000\,000$; **k)** $346\,665 + x = 450\,943$.

4 Stelle jeweils eine Gleichung auf und berechne die gesuchte Zahl.

a) Welche Zahl muss man zu 3478 addieren, um 4598 zu erhalten?
b) Welche Zahl muss man zu 34 621 addieren, um 45 322 zu erhalten?
c) Um welche Zahl muss man 457 vergrößern, um 746 zu erhalten?
d) Ich habe mir eine Zahl gedacht. Wenn ich sie zu 34 599 addiere, dann erhalte ich 50 000. Welche Zahl habe ich mir gedacht?
e) Welche Zahl muss man zur größten zweistelligen Zahl addieren, um die kleinste vierstellige Zahl zu erhalten?
f) Welche Zahl muss man zur kleinsten dreistelligen Zahl addieren, um die größte dreistellige Zahl zu erhalten?
g) Der 1. Summand einer Summe ist 2698. Der Wert der Summe beträgt 5694. Wie heißt der 2. Summand?

3. Gleichungen vom Typ x – a = b

Die Gleichung

$$x - 5 = 3$$

hat das zugehörige Zahlenrätsel:

Von welcher Zahl muss man 5 subtrahieren,
um als Wert der Differenz die Zahl 3 zu erhalten?

1. Verfahren:
Die Gleichung

$$x - 5 = 3$$

lässt sich als eine Subtraktionsaufgabe auffassen, bei der der Minuend abhanden gekommen ist. Er lässt sich mithilfe der **Probe auf den Minuenden** berechnen. Sie lautet:

Minuend =
Wert der Differenz + Subtrahend

$$x = 3 + 5.$$

Und daraus folgt:

$$\underline{x = 8.}$$

2. Verfahren:
Die Gleichung

$$x - 5 = 3$$

sagt aus, dass man die gesuchte Zahl x um 5 verkleinern muss, um 3 zu erhalten.
Das heißt aber nichts anderes, als dass die gesuchte Zahl x um **5 größer als 3** sein muss. Also gilt:

$$x = 3 + 5.$$

Und daraus folgt:

$$\underline{x = 8.}$$

Allgemein gilt:

Aus $x - a = b$
folgt $x = b + a$

Weitere Beispiele:

$$x - 48 = 73$$
$$x = 73 + 48$$
$$\underline{x = 121}$$

Mögliche Wortform: Von welcher Zahl muss man 48 subtrahieren, um 73 zu erhalten?

$$x - 3799 = 2865$$
$$x = 2865 + 3799$$
$$\underline{x = 6664}$$

Mögliche Wortform: Welche Zahl ergibt, wenn man sie um 3799 vermindert, 2865?

$$x - 37\,844 = 13\,722$$
$$x = 13\,722 + 37\,844$$
$$\underline{x = 51\,566}$$

Mögliche Wortform: Ich habe mir eine Zahl gedacht. Wenn ich sie um 37 844 verkleinere, dann erhalte ich 13 722. Wie heißt die gedachte Zahl?

5 Berechne ebenso die gesuchte Zahl x. Gib für jede Gleichung eine Wortform an.

a) $x - 49 = 23$;
b) $x - 388 = 425$;
c) $x - 1255 = 3728$;
d) $x - 5500 = 55\,523$;
e) $x - 32\,348 = 50\,000$;
f) $x - 99\,999 = 217$;
g) $x - 438\,725 = 23\,487$;
h) $x - 123\,456 = 654\,321$;
i) $x - 99\,999 = 99\,999$;
k) $x - 43\,715 = 51\,734$.

6 Stelle eine Gleichung auf und berechne die gesuchte Zahl.

a) Von welcher Zahl muss man 3467 subtrahieren, um 4566 zu erhalten?
b) Welche Zahl muss man um 66 578 vermindern, um 75 411 zu erhalten?
c) Welche Zahl muss man um 7623 verkleinern, um 346 zu erhalten?
d) Von welcher Zahl muss man die größte dreistellige Zahl subtrahieren, um die größte zweistellige Zahl zu erhalten?
e) Ich habe mir eine Zahl gedacht. Wenn ich von ihr 34 789 subtrahiere, dann erhalte ich 67 599. Wie heißt die gedachte Zahl?
f) Ich habe mir eine Zahl gedacht. Ich habe sie um die kleinste vierstellige Zahl vermindert und dabei die größte vierstellige Zahl erhalten. Welche Zahl habe ich mir gedacht?
g) Eine Differenz hat den Wert 4507. Der Subtrahend ist 2009. Wie heißt der Minuend?

4. Gleichungen vom Typ a – x = b

Die Gleichung

$$9 - x = 4$$

hat das zugehörige Zahlenrätsel:

Welche Zahl muss man von 9 subtrahieren, um als Wert der Differenz die Zahl 4 zu erhalten?

1. Verfahren:
In der Gleichung

$$9 - x = 4$$

lässt sich der fehlende Subtrahend mithilfe der **Probe auf den Subtrahenden** berechnen.

2. Verfahren:
Die Gleichung

$$9 - x = 4$$

besagt, dass die Zahl 9 um 4 größer ist als die gesuchte Zahl x. Dann muss aber die gesuchte Zahl x um **4 kleiner als 9** sein.

Sie lautet:

Subtrahend =
Minuend – Wert der Differenz

x = 9 – 4.

Und daraus folgt:

<u>x = 5.</u>

Also gilt:

x = 9 – 4.

Und daraus folgt:

<u>x = 5.</u>

Allgemein gilt:

Aus $a - x = b$

folgt $x = a - b$

Weitere Beispiele:

$$95 - x = 43$$
$$x = 95 - 43$$
$$\underline{x = 52}$$

Mögliche Wortform: Welche Zahl muss man von 95 abziehen, um 43 zu erhalten?

$$
\begin{aligned}
8235 - x &= 528 \\
x &= 8235 - 528 \\
\underline{x} &\underline{= 7707}
\end{aligned}
$$

Mögliche Wortform: Um welche Zahl muss man 8235 vermindern, wenn man 528 erhalten will?

$$
\begin{aligned}
82\,325 - x &= 37\,857 \\
x &= 82\,325 - 37\,857 \\
\underline{x} &\underline{= 44\,468}
\end{aligned}
$$

Mögliche Wortform: Ich habe mir eine Zahl gedacht. Wenn ich sie von 82 325 subtrahiere, dann erhalte ich 37 857. Welche Zahl habe ich mir gedacht?

7 Berechne ebenso die gesuchte Zahl x. Gib für jede Gleichung eine Wortform an.

a) $83 - x = 54$;
b) $729 - x = 533$;
c) $2399 - x = 2145$;
d) $43\,788 - x = 22\,222$;
e) $15\,427 - x = 2348$;
f) $123\,877 - x = 4783$;
g) $444\,444 - x = 373\,782$;
h) $707\,070 - x = 303\,030$;
i) $532\,247 - x = 237\,732$;
k) $112\,211 - x = 21\,122$.

8 Stelle jeweils eine Gleichung auf und berechne die gesuchte Zahl.

a) Welche Zahl muss man von 7345 subtrahieren, um 3728 zu erhalten?
b) Um welche Zahl muss man 17 389 vermindern, wenn man 13 785 erhalten will?
c) Welche Zahl muss man von 44 333 abziehen, um 12 345 zu erhalten?
d) Welche Zahl muss man von 153 728 subtrahieren, um die größte vierstellige Zahl zu erhalten?
e) Ich habe mir eine Zahl gedacht. Wenn ich sie von 100 000 subtrahiere, so erhalte ich 12 367. Wie heißt die gedachte Zahl?
f) Um welche Zahl muss man die größte fünfstellige Zahl vermindern, um die kleinste vierstellige Zahl zu erhalten?
g) Der Wert einer Differenz ist 56 789. Der Minuend ist die kleinste sechsstellige Zahl. Wie heißt der Subtrahend?

5. Gleichungen vom Typ x · a = b

Die Gleichung

$$x \cdot 4 = 12$$

hat das zugehörige Zahlenrätsel:

> Welche Zahl muss man mit 4 multiplizieren, um als Wert des Produktes die Zahl 12 zu erhalten?

1. Verfahren:
In der Gleichung

$$x \cdot 4 = 12$$

lässt sich der fehlende 1. Faktor mithilfe der **Probe auf den 1. Faktor** berechnen. Sie lautet:

1. Faktor = Wert des Produktes : 2. Faktor

$$x = 12 : 4.$$

Und daraus folgt:

$$\underline{x = 3.}$$

2. Verfahren:
Die Gleichung

$$x \cdot 4 = 12$$

besagt, dass das Vielfache der gesuchten Zahl x gleich 12 ist. Dann muss aber die gesuchte Zahl x selbst gleich dem **4. Teil von 12** sein. Also gilt:

$$x = 12 : 4.$$

Und daraus folgt:

$$\underline{x = 3.}$$

Allgemein gilt:

Aus $x \cdot a = b$

folgt $x = b : a$

Weitere Beispiele:

$$x \cdot 12 = 108$$
$$x = 108 : 12$$
$$\underline{x = 9}$$

Mögliche Wortform der Gleichung: Welche Zahl muss man mit 12 multiplizieren, um 108 zu erhalten?

$$x \cdot 45 = 1035$$
$$x = 1035 : 45$$
$$\underline{x = 23}$$

Mögliche Wortform: Welche Zahl ergibt, wenn man sie mit 45 multipliziert, 1035?

$$x \cdot 482 = 156\,650$$
$$x = 156\,650 : 482$$
$$\underline{x = 325}$$

Mögliche Wortform: Ich habe mir eine Zahl gedacht. Wenn ich sie mit 482 multipliziere, dann erhalte ich 156 650. Wie heißt die gedachte Zahl?

9 Berechne ebenso die gesuchte Zahl x. Gib für jede Gleichung eine Wortform an.

a) $x \cdot 47 = 1081$;
b) $x \cdot 84 = 3192$;
c) $x \cdot 285 = 3420$;
d) $x \cdot 123 = 15\,129$;
e) $x \cdot 582 = 148\,992$;
f) $x \cdot 349 = 182\,178$;
g) $x \cdot 705 = 444\,855$;
h) $x \cdot 625 = 78\,125$;
i) $x \cdot 144 = 20\,736$;
k) $x \cdot 1255 = 500\,745$.

10 Stelle jeweils eine Gleichung auf und berechne die gesuchte Zahl.

a) Welche Zahl muss man mit 328 multiplizieren, um 51 824 zu erhalten?
b) Welche Zahl ergibt mit 758 multipliziert 84 138?
c) Welche Zahl muss man mit 225 malnehmen, um 194 625 zu erhalten?
d) Welche Zahl muss man mit der größten dreistelligen Zahl multiplizieren, um 249 750 zu erhalten?
e) Ich habe mir eine Zahl gedacht. Wenn ich sie mit 80 multipliziere, dann erhalte ich die kleinste fünfstellige Zahl. Welche Zahl habe ich mir gedacht?
f) Welche Zahl muss man mit der kleinsten vierstelligen Zahl multiplizieren, um die kleinste sechsstellige Zahl zu erhalten?
g) Der 2. Faktor eines Produktes, dessen Wert 235 764 beträgt, ist 708. Wie heißt der 1. Faktor?

6. Gleichungen vom Typ $a \cdot x = b$

Die Gleichung

$$5 \cdot x = 15$$

hat das zugehörige Zahlenrätsel:

Mit welcher Zahl muss man 5 multiplizieren, um als Wert des Produktes die Zahl 15 zu erhalten?

1. Verfahren:
In der Gleichung

$$5 \cdot x = 15$$

lässt sich der fehlende 2. Faktor mithilfe der **Probe auf den 2. Faktor** berechnen. Sie lautet:

2. Faktor =
Wert des Produktes : 1. Faktor

$$x = 15 : 5.$$

Und daraus folgt:

$$\underline{x = 3.}$$

2. Verfahren:
Die Gleichung

$$5 \cdot x = 15$$

besagt, dass das Fünffache der gesuchten Zahl x gleich 15 ist. Dann muss aber die gesuchte Zahl x selbst gleich dem **5. Teil von 15** sein. Also gilt:

$$x = 15 : 5.$$

Und daraus folgt:

$$\underline{x = 3.}$$

Allgemein gilt:

Aus $a \cdot x = b$

folgt $x = b : a$

Weitere Beispiele:

- $$17 \cdot x = 1445$$
  $$x = 1445 : 17$$
  $$\underline{x = 85}$$

  Mögliche Wortform der Gleichung: Mit welcher Zahl muss man 17 multiplizieren, um 1445 zu erhalten?

- $$35 \cdot x = 4305$$
  $$x = 4305 : 35$$
  $$\underline{x = 123}$$

  Mögliche Wortform: Das 35fache einer Zahl ist 4305. Wie heißt die Zahl?

- $$238 \cdot x = 108\,528$$
  $$x = 108\,528 : 238$$
  $$\underline{x = 456}$$

  Mögliche Wortform: Ich habe mir eine Zahl gedacht. Ihr 238faches ist 108 528. Wie heißt die gesuchte Zahl?

11 Berechne ebenso die gesuchte Zahl x. Gib für jede Gleichung eine Wortform an.

a) $34 \cdot x = 442$; **b)** $79 \cdot x = 1896$;
c) $145 \cdot x = 14\,355$; **d)** $288 \cdot x = 95\,904$;
e) $405 \cdot x = 263\,250$; **f)** $1234 \cdot x = 396\,114$;
g) $2222 \cdot x = 122\,210$; **h)** $4503 \cdot x = 37\,604\,553$;
i) $5005 \cdot x = 2\,527\,525$; **k)** $303 \cdot x = 91\,809$.

12 Stelle jeweils eine Gleichung auf und berechne die gesuchte Zahl.

a) Mit welcher Zahl muss man 43 multiplizieren, um 8858 zu erhalten?
b) Das 15fache einer Zahl ist 14 475. Wie heißt die Zahl?
c) Mit welcher Zahl muss man 208 malnehmen, um 27 664 zu erhalten?
d) Mit welcher Zahl muss man die größte dreistellige Zahl multiplizieren, um 98 901 zu erhalten?
e) Ich habe mir eine Zahl gedacht. Ihr 55faches ist 54 285. Wie heißt die gedachte Zahl?
f) Mit welcher Zahl muss man die kleinste dreistellige Zahl multiplizieren, um die kleinste sechsstellige Zahl zu erhalten?
g) Bei einem Produkt, dessen Wert 58 104 beträgt, ist der 1. Faktor 538. Wie heißt der 2. Faktor?

7. Gleichungen vom Typ x : a = b

Die Gleichung

$$x : 3 = 7$$

hat das zugehörige Zahlenrätsel:

> Welche Zahl muss man durch 3 dividieren,
> um als Wert des Quotienten die Zahl 7 zu erhalten?

1. Verfahren:
In der Gleichung

$$x : 3 = 7$$

lässt sich der fehlende Dividend mithilfe der **Probe auf den Dividenden** berechnen. Sie lautet:

Dividend = Wert des Quotienten · Divisor

$$x = 7 \cdot 3.$$

Und daraus folgt:

$$\underline{x = 21.}$$

2. Verfahren:
Die Gleichung

$$x : 3 = 7$$

besagt, dass der 3. Teil der gesuchten Zahl x gleich 7 ist. Dann muss aber die gesuchte Zahl x selbst gleich dem **3fachen von 7** sein. Also gilt:

$$x = 7 \cdot 3.$$

Und daraus folgt:

$$\underline{x = 21.}$$

Allgemein gilt:

Aus $x : a = b$
folgt $x = b \cdot a$

Weitere Beispiele:

$$
\begin{aligned}
x : 12 &= 35 \\
x &= 35 \cdot 12 \\
\underline{x} &\underline{= 420}
\end{aligned}
$$

Mögliche Wortform der Gleichung: Welche Zahl muss man durch 12 dividieren, um 35 zu erhalten?

$$
\begin{aligned}
x : 15 &= 88 \\
x &= 88 \cdot 15 \\
\underline{x} &\underline{= 1320}
\end{aligned}
$$

Mögliche Wortform: Der 15. Teil einer Zahl ist 88. Wie heißt die Zahl?

$$
\begin{aligned}
x : 225 &= 13 \\
x &= 13 \cdot 225 \\
\underline{x} &\underline{= 2925}
\end{aligned}
$$

Mögliche Wortform: Ich habe mir eine Zahl gedacht. Wenn ich sie durch 225 teile, dann erhalte ich 13. Wie heißt die gedachte Zahl?

13 Berechne ebenso die gesuchte Zahl x. Gib für jede Gleichung eine Wortform an.

a) $x : 34 = 25$;
b) $x : 17 = 234$;
c) $x : 245 = 28$;
d) $x : 28 = 245$;
e) $x : 486 = 355$;
f) $x : 555 = 555$;
g) $x : 1635 = 302$;
h) $x : 302 = 1635$;
i) $x : 4050 = 1020$;
k) $x : 3367 = 7633$.

14 Stelle jeweils eine Gleichung auf und berechne die gesuchte Zahl.

a) Welche Zahl muss man durch 28 dividieren, um 93 zu erhalten?
b) Der 12. Teil einer Zahl ist 305. Wie heißt die Zahl?
c) Ich habe mir eine Zahl gedacht. Wenn ich sie durch 144 teile, erhalte ich 17. Wie heißt die gedachte Zahl?

d) Welche Zahl muss man durch die größte zweistellige Zahl teilen, um die kleinste zweistellige Zahl zu erhalten?
e) Welche Zahl muss man durch die größte zweistellige Zahl dividieren, um die größte dreistellige Zahl zu erhalten?
f) Welche Zahl muss man durch die größte dreistellige Zahl dividieren, um die größte zweistellige Zahl zu erhalten?
g) Der Divisor ist 204, der Wert des Quotienten beträgt 3054. Wie heißt der Dividend?

8. Gleichungen vom Typ a : x = b

Die Gleichung

$$12 : x = 3$$

hat das zugehörige Zahlenrätsel:

Durch welche Zahl muss man 12 dividieren, um als Wert des Quotienten die Zahl 3 zu erhalten?

1. Verfahren:
In der Gleichung

$$12 : x = 3$$

lässt sich der fehlende Divisor mithilfe der **Probe auf den Divisor** berechnen. Sie lautet:

Divisor = Dividend : Wert des Quotienten

$$x = 12 : 3.$$

Und daraus folgt:

$$\underline{x = 4.}$$

2. Verfahren:
Die Gleichung

$$12 : x = 3$$

besagt, dass die gesuchte Zahl x dreimal in 12 enthalten sein soll. Diese Bedingung erfüllt sie aber nur dann, wenn sie gleich dem **3. Teil von 12** ist. Also muss gelten:

$$x = 12 : 3.$$

Und daraus folgt:

$$\underline{x = 4.}$$

2 Gleichungen mit nur einer Grundrechenart

Allgemein gilt:

Aus $a : x = b$

folgt $x = a : b$

Weitere Beispiele:

- $$2040 : x = 24$$
  $$x = 2040 : 24$$
  $$\underline{x = 85}$$

  Mögliche Wortform der Gleichung: Durch welche Zahl muss man 2040 teilen, um 24 zu erhalten?

- $$27\,880 : x = 205$$
  $$x = 27\,880 : 205$$
  $$\underline{x = 136}$$

  Mögliche Wortform: Der wievielte Teil von 27 880 ist 205?

- $$157\,055 : x = 505$$
  $$x = 157\,055 : 505$$
  $$\underline{x = 311}$$

  Mögliche Wortform: Ich habe mir eine Zahl gedacht. Wenn ich 157 055 durch die gedachte Zahl teile, dann erhalte ich 505. Wie heißt die gedachte Zahl?

15 Bestimme ebenso die gesuchte Zahl x. Gib für jede Gleichung eine Wortform an.

a) $825 : x = 33$;
b) $5439 : x = 49$;
c) $12\,432 : x = 222$;
d) $408\,940 : x = 508$;
e) $6232 : x = 328$;
f) $631\,875 : x = 1011$;
g) $813\,500 : x = 3254$;
h) $1\,293\,951 : x = 4031$;
i) $807\,192 : x = 666$;
k) $668\,822 : x = 301$.

16 Stelle jeweils eine Gleichung auf und berechne die gesuchte Zahl.

a) Durch welche Zahl muss man 1125 dividieren, um 45 zu erhalten?
b) Der wievielte Teil von 3232 ist 202?
c) Durch welche Zahl habe ich 40 795 geteilt, wenn ich als Wert des Quotienten 199 erhalten habe?
d) Durch welche Zahl muss man die größte vierstellige Zahl dividieren, um 101 zu erhalten?
e) Ich habe mir eine Zahl gedacht. Wenn ich die Zahl 224 224 durch die von mir gedachte Zahl teile, dann erhalte ich 4004. Welche Zahl habe ich mir gedacht?
f) Durch welche Zahl muss man 124 875 teilen, um die größte dreistellige Zahl zu erhalten?
g) Der Wert eines Quotienten ist 568. Wie heißt der Divisor, wenn der Dividend 81 792 beträgt?

Und nun fassen wir einmal alles zusammen, was wir bisher über Gleichungen gelernt haben:
Jede der vier Grundrechenarten hat uns auf zwei verschiedene Arten von Gleichungen geführt. Insgesamt haben wir also acht verschiedene Typen von Gleichungen kennen gelernt. Der Weg zu ihrer Lösung führte jeweils über eine geeignete Probe bzw. eine entsprechende Überlegung. Die Tabelle fasst das bisher Gelernte zusammen.

2 Gleichungen mit nur einer Grundrechenart

Grundrechenart	Gleichung	Lösung	Lösbarkeitsbedingung
Addition	$x + 13 = 28$ allgemein: $x + a = b$	Probe auf den 1. Summanden: $x = 28 - 13$ $x = b - a$	$a \leqq b$
	$17 + x = 25$ allgemein: $a + x = b$	Probe auf den 2. Summanden: $x = 25 - 17$ $x = b - a$	$a \leqq b$
Subtraktion	$x - 12 = 8$ allgemein: $x - a = b$	Probe auf den Minuenden: $x = 8 + 12$ $x = b + a$	–
	$25 - x = 11$ allgemein: $a - x = b$	Probe auf den Subtrahenden: $x = 25 - 11$ $x = a - b$	$b \leqq a$
Multiplikation	$x \cdot 8 = 32$ allgemein: $x \cdot a = b$	Probe auf den 1. Faktor: $x = 32 : 8$ $x = b : a$	a ist Teiler von b
	$12 \cdot x = 96$ allgemein: $a \cdot x = b$	Probe auf den 2. Faktor: $x = 96 : 12$ $x = b : a$	a ist Teiler von b

Grundrechenart	Gleichung	Lösung	Lösbarkeitsbedingung
Division	$x : 7 = 12$ allgemein: $x : a = b$	Probe auf den Dividenden: $x = 12 \cdot 7$ $x = b \cdot a$	–
	$45 : x = 3$ allgemein: $a : x = b$	Probe auf den Divisor: $x = 45 : 3$ $x = a : b$	b ist Teiler von a

Bei jedem der bisherigen Aufgabenblöcke trat jeweils nur einer der acht verschiedenen Gleichungstypen auf.
Von jetzt ab geht alles bunt durcheinander!

17 Berechne die gesuchte Zahl x. Gib für jede Gleichung eine Wortform an.

a) $x + 3728 = 4833$; **b)** $x \cdot 128 = 7168$;
c) $3388 - x = 2101$; **d)** $53\,422 + x = 77\,777$;
e) $x : 135 = 205$; **f)** $405 \cdot x = 50\,625$;
g) $10\,951 : x = 47$; **h)** $x - 47\,388 = 23\,499$;
i) $x \cdot 175 = 36\,050$; **k)** $735\,499 + x = 1\,010\,101$.

Als Vorbereitung auf die nun folgenden Textaufgaben wollen wir noch einmal einige häufig verwendete sprachliche Formulierungen und die zugehörigen mathematischen Formulierungen einander gegenüberstellen:

2 Gleichungen mit nur einer Grundrechenart

Sprachliche Formulierung:	Mathematische Formulierung:
Welche Zahl muss ich **zu** a **addieren,** um b zu erhalten?	$a + x = b$
Zu welcher Zahl muss ich a **addieren,** um b zu erhalten?	$x + a = b$
Welche Zahl muss ich **von** a **subtrahieren,** um b zu erhalten?	$a - x = b$
Von welcher Zahl muss ich a **subtrahieren,** um b zu erhalten?	$x - a = b$
Welche Zahl muss ich **mit** a **multiplizieren,** um b zu erhalten?	$x \cdot a = b$
Mit welcher Zahl muss ich a **multiplizieren,** um b zu erhalten?	$a \cdot x = b$
Welche Zahl muss ich **durch** a **dividieren,** um b zu erhalten?	$x : a = b$
Durch welche Zahl muss ich a **dividieren,** um b zu erhalten?	$a : x = b$

18 Stelle eine Gleichung auf und berechne die gesuchte Zahl.

a) Welche Zahl muss man von 3587 subtrahieren, um 2199 zu erhalten?
b) Welche Zahl muss man mit 183 multiplizieren, um 41 175 zu erhalten?
c) Von welcher Zahl muss man 4568 subtrahieren, um 3497 zu erhalten?
d) Welche Zahl muss man zu 24 581 addieren, um 56 731 zu erhalten?
e) Durch welche Zahl muss man 11 074 dividieren, um 113 zu erhalten?
f) Mit welcher Zahl muss man 3507 multiplizieren, um 697 893 zu erhalten?

g) Welche Zahl muss man von 56 703 subtrahieren, um 43 879 zu erhalten?

h) Welche Zahl muss man durch 406 dividieren, um 345 zu erhalten?

i) Zu welcher Zahl muss man 45 601 addieren, um 50 000 zu erhalten?

k) Welche Zahl muss man durch 401 teilen, um 234 zu erhalten?

Zusammenfassung

Das hast du im 2. Kapitel gelernt:

Text	*Gleichung*	*Lösung*
Zu welcher Zahl muss man a addieren, um b zu erhalten?	$x + a = b$	$x = b - a$
Welche Zahl muss man zu a addieren, um b zu erhalten?	$a + x = b$	$x = b - a$
Von welcher Zahl muss man a subtrahieren, um b zu erhalten?	$x - a = b$	$x = b + a$
Welche Zahl muss man von a subtrahieren, um b zu erhalten?	$a - x = b$	$x = a - b$
Welche Zahl muss man mit a multiplizieren, um b zu erhalten?	$x \cdot a = b$	$x = b : a$
Mit welcher Zahl muss man a multiplizieren, um b zu erhalten?	$a \cdot x = b$	$x = b : a$
Welche Zahl muss man durch a dividieren, um b zu erhalten?	$x : a = b$	$x = b \cdot a$
Durch welche Zahl muss man a dividieren, um b zu erhalten?	$a : x = b$	$x = a : b$

2 Gleichungen mit nur einer Grundrechenart

Test zum 2. Kapitel

Überprüfe mit den folgenden Aufgaben, ob du den im 2. Kapitel behandelten Stoff beherrschst. Mehr als 3 Fehler pro Aufgabenblock sollten dir dabei nicht unterlaufen.

1 Berechne die gesuchte Zahl x.

a) $x + 7355 = 8965$;	**b)** $135 \cdot x = 8775$;	**c)** $x - 1233 = 998$;
d) $x : 55 = 7010$;	**e)** $4877 - x = 3109$;	**f)** $6066 + x = 9388$;
g) $x \cdot 309 = 65\,199$;	**h)** $4788 - x = 1325$;	**i)** $17\,688 : x = 201$;
k) $202 \cdot x = 61\,206$;	**l)** $x - 4378 = 2738$;	**m)** $68\,265 : x = 205$;
n) $x \cdot 725 = 71\,775$;	**o)** $x : 78 = 33$;	**p)** $7633 - x = 5555$.

2 Stelle eine Gleichung auf und berechne die gesuchte Zahl.

a) Zu welcher Zahl muss man 3788 addieren, um 4913 zu erhalten?
b) Welche Zahl muss man von 5555 subtrahieren, um 3219 zu erhalten?
c) Durch welche Zahl muss man 8544 dividieren, um 356 zu erhalten?
d) Welche Zahl muss man mit 225 multiplizieren, um 2925 zu erhalten?
e) Von welcher Zahl muss man 783 subtrahieren, um 2391 zu erhalten?
f) Welche Zahl muss man durch 99 dividieren, um 328 zu erhalten?
g) Welche Zahl muss man zu 9083 addieren, um 10 000 zu erhalten?
h) Von welcher Zahl muss man 3121 subtrahieren, um 1213 zu erhalten?
i) Der Wert einer Summe ist 4934. Wie heißt der 2. Summand, wenn der 1. Summand 3711 ist?
k) Mit welcher Zahl muss ich die größte zweistellige Zahl multiplizieren, um 3168 zu erhalten?
l) Ich habe mir eine Zahl gedacht. Wenn ich sie durch 122 dividiere, dann erhalte ich 125. Welche Zahl habe ich mir gedacht?
m) Der wievielte Teil von 4908 ist 409?
n) Der Wert der Differenz zweier Zahlen ist 2273. Der Subtrahend ist 3722. Wie heißt der Minuend?
o) Das 29fache einer Zahl ist 6409. Wie heißt die Zahl?

Gleichungen mit natürlichen Zahlen, bei denen mehrere Grundrechenarten nebeneinander auftreten

Nicht immer sind Gleichungen so einfach, wie das bisher bei unseren Aufgaben der Fall war. Etwas komplizierter ist die Gleichung

$$x + 39 : 3 = 12 \cdot 8.$$

Sie ist die mathematische Formulierung des folgenden Zahlenrätsels:

> Zu welcher Zahl muss man den Quotienten aus 39 und 3 addieren, um das Produkt aus 12 und 8 zu erhalten?

Und so wird die Lösung schrittweise berechnet:

Das ist der 1. Summand		Das ist der 2. Summand		Das ist der Summenwert
x	+	39 : 3	=	12 · 8

1. Schritt: Berechnung des 2. Summanden und des Summenwertes:

$$x + 13 = 96$$

2. Schritt: Probe auf den 1. Summanden:

$$x = 96 - 13$$
$$x = 83$$

3 Gleichungen mit mehreren Grundrechenarten

Weitere Beispiele:

$$
\begin{aligned}
x - \underbrace{25 \cdot 48} &= \underbrace{144 : 18} \\
x - 1200 &= 8 \\
x &= 8 + 1200 \\
\underline{x} &\underline{= 1208}
\end{aligned}
$$

Mögliche Wortform: Von welcher Zahl muss man das Produkt aus 25 und 48 subtrahieren, um den Quotienten aus 144 und 18 zu erhalten?

$$
\begin{aligned}
x : \underbrace{(4878 - 3979)} &= \underbrace{425 \cdot 12} \\
x : 899 &= 5100 \\
x &= 5100 \cdot 899 \\
\underline{x} &\underline{= 4\,584\,900}
\end{aligned}
$$

Mögliche Wortform: Welche Zahl muss man durch die Differenz aus 4878 und 3979 dividieren, um das Produkt aus 425 und 12 zu erhalten?

$$
\begin{aligned}
x + \underbrace{(304 + 240)} : 4 &= \underbrace{(13\,788 - 4922)} \cdot 2 \\
x + \underbrace{544 : 4} &= \underbrace{8866 \cdot 2} \\
x + 136 &= 17\,732 \\
x &= 17\,732 - 136 \\
\underline{x} &\underline{= 17\,596}
\end{aligned}
$$

Mögliche Wortform: Zu welcher Zahl muss man den vierten Teil der Summe aus 304 und 240 addieren, um die doppelte Differenz aus 13 788 und 4922 zu erhalten?

1 Berechne die gesuchte Zahl x.

a) $x + 23 \cdot 25 = 233\,280 : 72$;
b) $138 \cdot 23 + x = 7899 - 3122$;
c) $x - 124 \cdot 33 = 5246 : 43$;
d) $17\,864 : 88 + x = 3928 + 4322$;
e) $(8244 - 7338) \cdot x = 15\,251 \cdot 24$;

f) $x \cdot (205 \cdot 25) = 2255 \cdot 125$;
g) $x : (437 - 388) = 75 \cdot 124$;
h) $(3788 \cdot 15) : x = 73\,866 : 78$;
i) $122 \cdot 21 - x = (232 + 191) : 47$;
k) $x : (32 \cdot 22) = 21 \cdot 13 + 144 : 18$;
l) $39 \cdot 17 + x = 237\,276 : 78$;
m) $x - 164\,616 : 1444 = (3728 + 9483) \cdot 2$.

Als Vorbereitung auf die folgenden Textaufgaben wollen wir nun einige häufig verwendete sprachliche Formulierungen und die zugehörigen mathematischen Formulierungen in einer Tabelle einander gegenüberstellen:

Sprachliche Formulierung:	Mathematische Formulierung:
Summe aus a und b	$a + b$
Differenz aus a und b	$a - b$
Produkt aus a und b	$a \cdot b$
Quotient aus a und b	$a : b$
Doppelte Summe aus a und b	$2 \cdot (a + b)$
3fache Differenz aus a und b	$3 \cdot (a - b)$
Der 4. Teil der Summe aus a und b	$(a + b) : 4$
Der 5fache Quotient aus a und b	$5 \cdot (a : b)$
Das halbe Produkt aus a und b	$(a \cdot b) : 2$
Produkt aus der Summe und der Differenz der Zahlen a und b	$(a + b) \cdot (a - b)$
Summe aus dem 4. und dem 5. Teil der Zahl	$a : 4 + a : 5$

2 Stelle eine Gleichung auf und berechne die gesuchte Zahl.

a) Zu welcher Zahl muss man das Produkt aus 17 und 45 addieren, um das Produkt aus 33 und 82 zu erhalten?
b) Welche Zahl muss man zum Quotienten aus den Zahlen 5904 und 24 addieren, um das Produkt aus 28 und 37 zu erhalten?

c) Welche Zahl muss man durch die Differenz von 3228 und 2838 dividieren, um die Summe aus 472 und 999 zu erhalten?
d) Durch welche Zahl muss man die Summe aus 63 489 und 60 036 dividieren, um die Differenz aus 3278 und 2873 zu erhalten?
e) Welche Zahl muss man vom Produkt aus 333 und 222 subtrahieren, um die Summe aus 9998 und 3877 zu erhalten?
f) Von welcher Zahl muss man die Summe aus 2386 und 1233 subtrahieren, um das Produkt aus 18 und 245 zu erhalten?
g) Welche Zahl muss man mit der Differenz aus 6803 und 5210 multiplizieren, um die Summe aus 13 555 und 11 933 zu erhalten?
h) Mit welcher Zahl muss man die Summe aus 785 und 397 multiplizieren, wenn man das Produkt aus den Zahlen 591 und 36 erhalten will?
i) Welche Zahl muss ich von der doppelten Summe der Zahlen 3875 und 2183 subtrahieren, um die halbe Differenz derselben beiden Zahlen zu erhalten?
k) Welche Zahl muss ich vom Produkt aus 25 und 625 subtrahieren, um den Quotienten aus 902 289 und 201 zu erhalten?
l) Welche Zahl muss man zum Produkt aus der Summe und der Differenz der Zahlen 283 und 125 addieren, um den Quotienten aus 1 725 000 und 23 zu erhalten?
m) Welche Zahl muss ich mit dem Quotienten aus 12 100 und 44 multiplizieren, um das 5fache Produkt aus 220 und 22 zu erhalten?
n) Zu welcher Zahl muss ich die Differenz aus den beiden Zahlen 427 und 378 addieren, um die Summe derselben beiden Zahlen zu erhalten?
o) Wenn ich eine Zahl mit dem Quotienten aus 2727 und 27 multipliziere, dann erhalte ich das Produkt aus denselben beiden Zahlen. Wie heißt die Zahl?
p) Mit welcher Zahl muss man die Summe der Zahlen 115 und 86 multiplizieren, damit man den um 9 vergrößerten Quotienten aus 3600 und 2 erhält?
q) Welche Zahl muss man mit der Differenz aus dem 3. und dem 4. Teil der Zahl 36 multiplizieren, um das Produkt aus dem 6. und dem 9. Teil von 36 zu erhalten?
r) Welche Zahl muss man von der 120fachen Summe aus dem 4. und dem 18. Teil der Zahl 288 subtrahieren, wenn man das Produkt aus der Summe und der Differenz der Zahlen 138 und 98 erhalten will?

Zusammenfassung

Das hast du im 3. Kapitel gelernt:

Es gibt Gleichungen, bei denen mehrere Grundrechenarten nebeneinander auftreten.
Solche Gleichungen werden schrittweise gelöst, indem man die einzelnen Rechenschritte nach den Regeln „Punktrechnung geht vor Strichrechnung" und „Was in Klammern steht, wird zuerst ausgerechnet" ausführt.

$$(\underbrace{1728 : 2} - \underbrace{212 \cdot 3}) \cdot 5 + x = \underbrace{(438 + 227)} \cdot \underbrace{(438 - 227)}$$
$$\underbrace{(864 - 636)} \cdot 5 + x = \underbrace{665 \cdot 211}$$
$$\underbrace{228 \cdot 5} + x = 140\,315$$
$$1140 + x = 140\,315$$
$$x = \underbrace{140\,315 - 1140}$$
$$x = 139\,175$$

Test zum 3. Kapitel

Mit den folgenden Aufgaben kannst du überprüfen, ob du den im 3. Kapitel behandelten Stoff beherrschst. Mehr als 3 Fehler pro Aufgabenblock sollten dir dabei nicht unterlaufen.

1 Berechne die gesuchte Zahl x.

a) $x + 84 \cdot 13 = 7488 + 3947$;
b) $39 \cdot 25 - x = 2622 : 23$;
c) $x - 11\,772 : 18 = 22 \cdot 56$;
d) $x : (3055 - 2948) = (348 - 222) : 18$;
e) $x \cdot (144 : 18) = (378 - 253) \cdot 8$;
f) $17 \cdot (455 - 238) - x = (3725 + 2275) : 375$;
g) $x - (538 + 276) \cdot (622 - 588) = (388 + 125) \cdot 58$;
h) $128 \cdot 277 + x = (84 \cdot 33 + 128 \cdot 12) \cdot 12$;
i) $[1728 : (357 - 261)] : x = 17 \cdot (428 - 239) - 3210$;
k) $[(759 + 387) : 2] \cdot x = (288 + 317) \cdot 22 + 22\,330 : 22$.

2 Stelle eine Gleichung auf und berechne die gesuchte Zahl.

a) Zu welcher Zahl muss man das Produkt aus 26 und 18 addieren, um den Quotienten aus 23 328 und 36 zu erhalten?
b) Welche Zahl muss man durch die Differenz der Zahlen 388 und 242 dividieren, um das Produkt aus 38 und 15 zu erhalten?
c) Mit welcher Zahl muss man die Differenz aus 9328 und 8788 multiplizieren, um die 12fache Summe der Zahlen 3333 und 2427 zu erhalten?
d) Durch welche Zahl muss man das Produkt aus 947 und 60 dividieren, um den Quotienten aus 36 933 und 39 zu erhalten?
e) Welche Zahl muss man vom 4fachen der Differenz aus 1399 und 977 subtrahieren, um die halbe Summe aus 489 und 777 zu erhalten?
f) Von welcher Zahl muss man die Differenz der Zahlen 3105 und 2412 subtrahieren, um das Produkt aus der Summe und der Differenz der Zahlen 475 und 328 zu erhalten?
g) Welche Zahl muss ich von der 5fachen Differenz der Zahlen 325 und 193 subtrahieren, wenn ich die halbe Summe derselben beiden Zahlen erhalten will?
h) Welche Zahl muss ich durch die Differenz aus dem 3. und dem 5. Teil der Zahl 315 dividieren, um das Produkt aus der Summe und der Differenz der Zahlen 87 und 63 zu erhalten?
i) Zu welcher Zahl muss ich die halbe Differenz aus dem 3. und dem 7. Teil der Zahl 1365 addieren, um die 5fache Summe aus dem 13. und dem 5. Teil derselben Zahl zu erhalten?
k) Durch welche Zahl muss ich die Summe aus dem 4. und dem 5. Teil der Zahl 1540 dividieren, um den 12. Teil der Differenz aus den Zahlen 3897 und 1125 zu erhalten?

Gleichungen mit natürlichen Zahlen, bei denen Vielfache oder Bruchteile der gesuchten Zahl auftreten

Bei allen bisherigen Gleichungen, wie kompliziert auch immer sie waren, trat doch stets nur das „**Ein**"fache der gesuchten Zahl x auf.

Es hieß zum Beispiel: $x + 3 = 5$

oder: $17 \cdot 5 - x = 25 - 2$

oder: $x - (3 + 5) = 192 : 3$

oder: $3 \cdot (87 - 42) + x = 8 \cdot 6 - 13 \cdot 3$

Leider geht es aber nicht immer so **ein**fach zu!

Bei der Gleichung

$$4 \cdot x + 9 = 41$$

tritt nicht das **Ein**fache, sondern das **Vier**fache der unbekannten Zahl x auf.

Und bei der Gleichung

$$x : 4 - 3 = 12$$

tritt nicht das **Ein**fache, sondern der **4. Teil** der unbekannten Zahl x auf.

Die Gleichung

$$4 \cdot x + 9 = 41$$

ist die mathematische Formulierung des folgenden Zahlenrätsels:

Die Summe aus dem Vierfachen einer Zahl und 9 ist 41.
Wie heißt diese Zahl?

Die Lösung berechnen wir schrittweise so:

4 Gleichungen mit Vielfachem oder Bruchteilen von x

Das ist der 1. Summand		Das ist der 2. Summand		Das ist der Summenwert
$4 \cdot x$	$+$	9	$=$	41

1. Schritt: Probe auf den 1. Summanden:

$$4 \cdot x = 41 - 9$$
$$4 \cdot x = 32$$

Und nun gehts im 2. Schritt weiter wie gewohnt:

$$4 \cdot x = 32$$
$$x = 32 : 4$$
$$\underline{x = 8.}$$

Und so sind wir in zwei Schritten zur Lösung gelangt:

Im **1. Schritt** haben wir zunächst das 4fache der gesuchten Zahl berechnet, also $4 \cdot x$.

$$4 \cdot x + 9 = 41$$
$$4 \cdot x = 41 - 9$$
$$4 \cdot x = 32$$

Im **2. Schritt** haben wir dann die gesuchte Zahl selbst berechnet, also die Zahl x.

$$4 \cdot x = 32$$
$$x = 32 : 4$$
$$\underline{x = 8}$$

Weitere Beispiele:

- $5 \cdot x - 13 = 47$
  $5 \cdot x = 47 + 13$
  $5 \cdot x = 60$
  $x = 60 : 5$
  $\underline{x = 12}$

Mögliche Wortform:
Vermindert man das 5fache einer Zahl um 13, so erhält man 47. Wie heißt die Zahl?

- $$\begin{aligned} 96 + 8 \cdot x &= 216 \\ 8 \cdot x &= 216 - 96 \\ 8 \cdot x &= 120 \\ x &= 120 : 8 \\ \underline{x} &\underline{= 15} \end{aligned}$$

  Mögliche Wortform:
  Ich habe mir eine Zahl gedacht. Wenn ich das 8fache dieser Zahl zu 96 addiere, dann erhalte ich 216. Wie heißt die gedachte Zahl?

- $$\begin{aligned} 125 - 3 \cdot x &= 98 \\ 3 \cdot x &= 125 - 98 \\ 3 \cdot x &= 27 \\ x &= 27 : 3 \\ \underline{x} &\underline{= 9} \end{aligned}$$

  Mögliche Wortform:
  Subtrahiert man das 3fache einer Zahl von 125, so erhält man 98. Um welche Zahl handelt es sich?

Wer sich mit Rechenbäumen auskennt, der kann sich derartige Aufgaben folgendermaßen veranschaulichen.

Beispiel:

$$544 - 17 \cdot x = 238$$

Stelle zuerst den zur Gleichung gehörenden Rechenbaum auf:

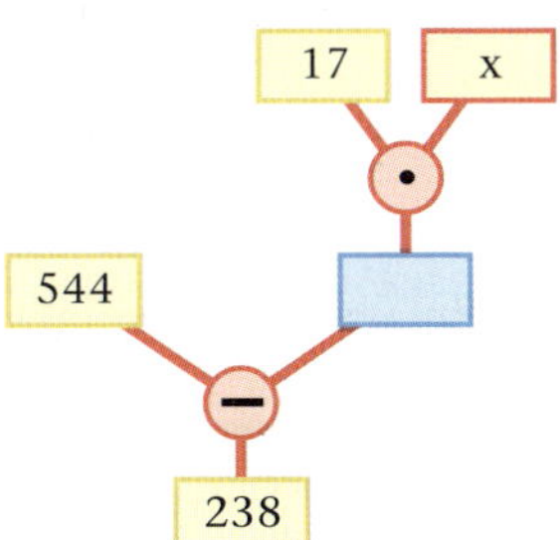

Rechne dich anschließend schrittweise durch den Baum, bis du zum Kästchen mit dem „x“ gelangst:

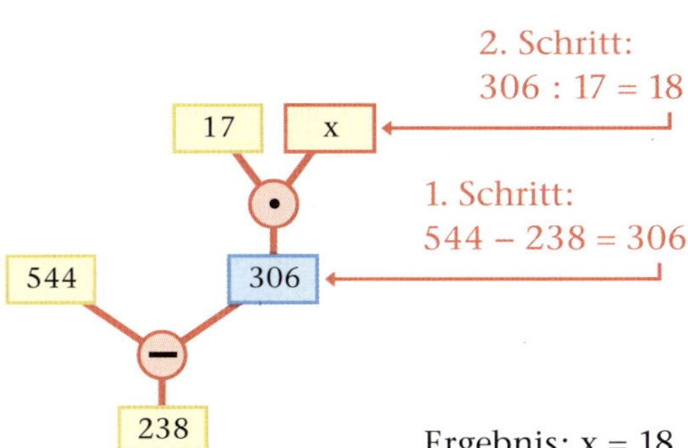

Ergebnis: $\underline{x = 18}$

4 Gleichungen mit Vielfachem oder Bruchteilen von x

1 Berechne die gesuchte Zahl x.

a) $3 \cdot x + 17 = 62$;
b) $28 + 7 \cdot x = 56$;
c) $156 - 5 \cdot x = 71$;
d) $12 \cdot x - 88 = 116$;
e) $458 + 9 \cdot x = 575$;
f) $987 - 14 \cdot x = 861$;
g) $25 \cdot x + 377 = 827$;
h) $38 \cdot x - 438 = 360$;
i) $1235 + 21 \cdot x = 1634$;
k) $45 \cdot x + 4738 = 9778$;
l) $32 \cdot x - 441 = 999$;
m) $5397 - 18 \cdot x = 807$.

2 Stelle jeweils eine Gleichung auf und berechne die gesuchte Zahl.

a) Summe aus dem 7fachen einer Zahl und der Zahl 199 ist 395. Wie heißt die Zahl?
b) Vermindert man das 9fache einer Zahl um 333, so erhält man 180. Wie heißt die Zahl?
c) Vermindert man 333 um das 9fache einer Zahl, so erhält man 180. Wie heißt die Zahl?
d) Wenn man vom 121fachen einer Zahl 388 subtrahiert, dann erhält man 3000. Wie heißt die Zahl?
e) 3279 vermehrt um das 152fache einer Zahl ergibt 8599. Wie heißt die Zahl?
f) Subtrahiert man das 22fache einer Zahl von 758, so erhält man 274. Wie heißt die Zahl?
g) Ich denke mir eine Zahl, bilde ihr 21faches und addiere dazu 422. Ich erhalte 800. Welche Zahl habe ich mir gedacht?
h) Ich denke mir eine Zahl, multipliziere sie mit 3 und subtrahiere anschließend 14. Welche Zahl habe ich mir gedacht, wenn ich als Ergebnis 49 erhalten habe?
i) Ich habe mir eine Zahl gedacht. Wenn ich sie mit 17 multipliziere und anschließend 14 addiere, dann erhalte ich 269. Welche Zahl habe ich mir gedacht?
k) Ich denke mir eine Zahl. Wenn ich ihr 25faches von 488 subtrahiere, dann erhalte ich 313. Welche Zahl habe ich mir gedacht?
l) Wenn ich vom 7fachen einer Zahl 597 subtrahiere, dann erhalte ich die größte dreistellige Zahl. Wie heißt die gesuchte Zahl?
m) Ich denke mir eine Zahl, multipliziere sie mit der größten zweistelligen Zahl und subtrahiere anschließend die Zahl 90. Als Endergebnis erhalte ich die größte dreistellige Zahl. Welche Zahl habe ich mir gedacht?

Die Gleichung

$$15 - x : 4 = 9$$

ist die mathematische Formulierung des folgenden Zahlenrätsels:

> Ich habe mir eine Zahl gedacht. Subtrahiere ich den 4. Teil dieser Zahl von 15, dann erhalte ich 9.
> Welche Zahl habe ich mir gedacht?

Die Lösung berechnen wir schrittweise so:

Das ist der Minuend		Das ist der Subtrahend		Das ist der Differenzwert
15	–	x : 4	=	9

1. Schritt: Probe auf den Subtrahenden:

$$x : 4 = 15 - 9$$
$$x : 4 = 6$$

Und im 2. Schritt geht es weiter wie gewohnt:

$$x : 4 = 6$$
$$x = 6 \cdot 4$$
$$\underline{x = 24.}$$

Und so sind wir in zwei Schritten zur Lösung gelangt:

Im **1. Schritt** haben wir zunächst den 4. Teil der gesuchten Zahl berechnet, also die Zahl x : 4.

$$15 - x : 4 = 9$$
$$x : 4 = 15 - 9$$
$$x : 4 = 6$$

Im **2. Schritt** haben wir dann die gesuchte Zahl selbst berechnet, also die Zahl x.

$$x : 4 = 6$$
$$x = 6 \cdot 4$$
$$\underline{x = 24}$$

Weitere Beispiele:

- $x : 14 + 24 = 150$
  $x : 14 = 150 - 24$
  $x : 14 = 126$
  $x = 126 \cdot 14$
  $\underline{x = 1764}$

  Mögliche Wortform:
  Addiert man zum 14. Teil einer Zahl 24, dann erhält man 150. Wie heißt die Zahl?

- $x : 12 - 125 = 100$
  $x : 12 = 100 + 125$
  $x : 12 = 225$
  $x = 225 \cdot 12$
  $\underline{x = 2700}$

  Mögliche Wortform:
  Ich habe mir eine Zahl gedacht. Vermindere ich ihren 12. Teil um 125, so erhalte ich 100. Welche Zahl habe ich mir gedacht?

- $321 - 1448 : x = 140$
  $1448 : x = 321 - 140$
  $1448 : x = 181$
  $x = 1448 : 181$
  $\underline{x = 8}$

  Mögliche Wortform:
  Den wievielten Teil der Zahl 1448 muss ich von 321 subtrahieren, um 140 zu erhalten?

3 Berechne ebenso die gesuchte Zahl x.

a) $x : 5 + 17 = 32$;
b) $x : 3 - 14 = 49$;
c) $144 + x : 8 = 150$;
d) $127 - x : 12 = 100$;
e) $488 + 1968 : x = 816$;
f) $x : 17 + 375 = 400$;
g) $333 - x : 12 = 288$;
h) $x : 125 - 38 = 42$;
i) $1283 + x : 5 = 1987$;
k) $x : 17 + 2344 = 3000$;
l) $3392 : x - 129 = 83$;
m) $2133 - x : 14 = 1122$.

4 Stelle jeweils eine Gleichung auf und berechne die gesuchte Zahl x.

a) Addiert man zum 3. Teil einer Zahl 88, dann erhält man 129. Wie heißt diese Zahl?
b) Vergrößert man 455 um den 15. Teil einer Zahl, so erhält man 518. Wie heißt diese Zahl?
c) Ich habe mir eine Zahl gedacht. Vermindere ich ihren 11. Teil um 148, so erhalte ich 1. Welche Zahl habe ich mir gedacht?
d) Wenn ich den 16. Teil einer Zahl von 573 subtrahiere, dann erhalte ich 300. Um welche Zahl handelt es sich?
e) Ich denke mir eine Zahl. Wenn ich ihren 8. Teil von 1728 subtrahiere, dann erhalte ich die kleinste vierstellige Zahl. Wie heißt die gedachte Zahl?
f) Ich denke mir eine Zahl, dividiere sie durch 25 und subtrahiere vom Ergebnis 333. Auf diesem Wege erhalte ich die kleinste dreistellige Zahl. Wie heißt die gedachte Zahl?
g) Wenn ich die Hälfte einer Zahl um 1288 vergrößere, dann erhalte ich 10 000. Wie heißt die Zahl?
h) Ich denke mir eine Zahl. Nachdem ich sie halbiert habe, subtrahiere ich 788. Als Endergebnis erhalte ich 356. Welches ist die gedachte Zahl?
i) Vermehrt man ein Zehntel einer Zahl um 1256, so erhält man 2000. Um welche Zahl handelt es sich?
k) Wenn ich den 44. Teil einer Zahl von 2708 subtrahiere, dann erhalte ich 1987. Wie heißt die Zahl?

In der 1. und 2. Aufgabe dieses Kapitels traten jeweils nur Vielfache und in der 3. und 4. Aufgabe jeweils nur Bruchteile der gesuchten Zahl auf. Bunt durcheinander gehts nun aber bei den folgenden beiden Aufgaben zu. Mal treten Vielfache, mal Bruchteile auf. Also, gut aufpassen!

5 Berechne die gesuchte Zahl x.

a) $3 \cdot x + 17 = 80$; **b)** $x : 3 + 17 = 80$;
c) $x : 3 - 17 = 80$; **d)** $256 - x \cdot 5 = 191$;
e) $17 \cdot x - 844 = 3117$; **f)** $433 - x : 19 = 219$;
g) $77 \cdot x - 3425 = 810$; **h)** $497 + 12 \cdot x = 641$;
i) $3488 + x : 9 = 5000$; **k)** $25 \cdot x + 4775 = 10\,000$;

l) $x : 15 + 987 = 1201$;
m) $1397 - x : 21 = 1212$;
n) $4825 - 13 \cdot x = 2186$;
o) $x : 101 - 257 = 88$;
p) $4402 + 121 \cdot x = 9000$;
q) $12\,492 + x : 202 = 12\,505$;
r) $428 \cdot x + 3708 = 11\,840$;
s) $12\,978 + x \cdot 14 = 15\,330$;
t) $x \cdot 333 - 25\,025 = 11\,938$;
u) $45\,377 - 128 \cdot x = 12\,609$;
v) $x : 158 + 1230 = 1500$;
w) $12\,379 + x : 42 = 12\,397$;
x) $x : 321 - 111 = 25$;
y) $4379 - x : 27 = 3497$;
z) $x \cdot 45 - 3728 = 5767$.

6 Stelle jeweils eine Gleichung auf und berechne die gesuchte Zahl x.

a) Addiert man zum 7fachen einer Zahl 28, so erhält man 140. Wie heißt die Zahl?
b) Subtrahiert man den 7. Teil einer Zahl von 388, dann ergibt sich 257. Wie heißt die Zahl?
c) Subtrahiert man das 15fache einer Zahl von 219, so erhält man 24. Wie heißt die Zahl?
d) Wenn man vom 17. Teil einer Zahl 439 subtrahiert, dann ergibt sich 500. Wie heißt die Zahl?
e) Ich denke mir eine Zahl, verdopple sie, subtrahiere vom Ergebnis 3445 und erhalte 7327. Welche Zahl habe ich mir gedacht?
f) Von der Hälfte einer Zahl wird 4983 subtrahiert. Wie heißt die Zahl, wenn man dabei 1325 erhält?
g) Vergrößert man den 10. Teil einer Zahl um 2345, so erhält man 5432. Um welche Zahl handelt es sich?
h) Das Wievielfache von 999 muss man zu 4347 addieren, um 16 335 zu erhalten?
i) Zum wievielten Teil von 192 muss ich 56 addieren, um 60 zu erhalten?
k) Ich denke mir eine Zahl, subtrahiere ihr 288faches von 7388 und erhalte 3932. Welches ist die gedachte Zahl?
l) Um das Wievielfache von 125 muss man 10 000 vermindern, um 1875 zu erhalten?
m) Um den wievielten Teil von 3024 muss man 348 verringern, um 222 zu erhalten?

Im 3. Kapitel haben wir Gleichungen kennen und lösen gelernt, bei denen mehrere Grundrechenarten gleichzeitig auftreten. Solche Gleichungen gibt es natürlich auch im Zusammenhang mit Bruchteilen und Vielfachen der gesuchten Zahl.

Beispiel dafür ist die Gleichung

$$x : 3 + 77 : 11 = 13 \cdot 5$$

Ihre Lösung berechnen wir unter Berücksichtigung der Regel „Punktrechnung vor Strichrechnung" schrittweise so:

Das ist der 1. Summand: $x : 3$

Das ist der 2. Summand: $77 : 11$

Das ist der Summenwert: $13 \cdot 5$

$$x : 3 + 77 : 11 = 13 \cdot 5$$

1. Schritt: Berechnung des 2. Summanden und des Summenwertes:

$$x : 3 + 7 = 65$$

2. Schritt: Probe auf den 1. Summanden:

$$x : 3 = 65 - 7$$
$$x : 3 = 58$$

Und nun gehts weiter wie gewohnt:

$$x : 3 = 58$$
$$x = 58 \cdot 3$$
$$\underline{x = 174.}$$

Weitere Beispiele:

$$\begin{aligned} 5 \cdot x - 135 : 15 &= 27 \cdot 3 \\ 5 \cdot x - 9 &= 81 \\ 5 \cdot x &= 81 + 9 \\ 5 \cdot x &= 90 \\ x &= 90 : 5 \\ x &= \underline{18} \end{aligned}$$

$$\begin{aligned} (377 - 198) \cdot (27 + 101) - x : 7 &= (3955 - 2133) \cdot 12 \\ 179 \cdot 128 - x : 7 &= 1822 \cdot 12 \\ 22\,912 - x : 7 &= 21\,864 \\ x : 7 &= 22\,912 - 21\,864 \\ x : 7 &= 1048 \\ x &= 1048 \cdot 7 \\ x &= \underline{7336} \end{aligned}$$

$$\begin{aligned} 444 + x : (358 - 214) &= (532 - 499) \cdot 18 \\ 444 + x : 144 &= 33 \cdot 18 \\ 444 + x : 144 &= 594 \\ x : 144 &= 594 - 444 \\ x : 144 &= 150 \\ x &= 150 \cdot 144 \\ x &= \underline{21\,600} \end{aligned}$$

7 Berechne ebenso die gesuchte Zahl x.

a) $x \cdot 17 + 5535 : 123 = 11\,520 : 18$;
b) $2 \cdot (755 - 699) - 137 \cdot x = (198 - 142) \cdot 2$;
c) $x : 4 - (108 - 19) \cdot 2 = 4 \cdot 13$;
d) $248 \cdot 72 + 15 \cdot x = (2058 + 988) \cdot 6$;
e) $(8242 - 7336) \cdot x - 980 : 28 = 20\,895 - 998$;
f) $x : (32 \cdot 22) - 21 \cdot 13 = 144 : 18$;
g) $(425 + 3128) \cdot 2 - x : (85 - 33) = (688 - 245) \cdot 3$;
h) $(304 + 240) : 4 + x : 15 = (13\,788 - 4922) \cdot 2$;
i) $(13\,788 - 4922) \cdot 2 - x : 15 = (304 + 240) : 4$;
k) $(4608 + 144) : x + (388 - 255) \cdot (128 + 72) = (2384 - 705) \cdot 16$.

Zusammenfassung

Das hast du im 4. Kapitel gelernt:

*Es gibt Gleichungen, bei denen ein **Vielfaches** oder ein **Bruchteil** der gesuchten Zahl x auftritt.*	$213 + 5 \cdot x = 348$	$x : 24 - 143 = 78$
Solche Gleichungen löst man in 2 Schritten.		
*Im **1. Schritt** berechnet man zunächst das **Vielfache** bzw. den **Bruchteil** der gesuchten Zahl x.*	$213 + 5 \cdot x = 348$ $5 \cdot x = 348 - 213$ $5 \cdot x = 135$	$x : 24 - 143 = 78$ $x : 24 = 78 + 143$ $x : 24 = 221$
*Im **2. Schritt** berechnet man dann die gesuchte Zahl x selbst.*	$5 \cdot x = 135$ $x = 135 : 5$ $\underline{x = 27}$	$x : 24 = 221$ $x = 221 \cdot 24$ $\underline{x = 5304}$

Test zum 4. Kapitel

Mit den folgenden Aufgaben kannst du überprüfen, ob du den Stoff des 4. Kapitels beherrschst. Mehr als 3 Fehler pro Aufgabenblock sollten dir dabei nicht unterlaufen.

1 Berechne die gesuchte Zahl x.

a) $x : 4 + 48 = 53$; **b)** $8 \cdot x - 123 = 325$;
c) $1555 - x \cdot 12 = 79$; **d)** $576 : x + 488 = 500$;
e) $3333 - x : 18 = 2107$; **f)** $1783 - 15 \cdot x = 88$;
g) $7385 + 900 : x = 7410$; **h)** $x : 128 + 1422 = 3598$;
i) $x \cdot 128 + 1422 = 3598$; **k)** $355 - 768 : x = 339$.

2 Stelle jeweils eine Gleichung auf und berechne die gesuchte Zahl x.

a) Addiert man zum 12fachen einer gesuchten Zahl 345, so erhält man 621. Wie heißt diese Zahl?

b) Vermindert man den 7. Teil einer Zahl um 38, so erhält man 88. Wie heißt diese Zahl?

c) Wenn ich vom 5fachen einer Zahl 137 subtrahiere, dann erhalte ich 193. Wie heißt diese Zahl?

d) Die Hälfte einer Zahl wird von 428 subtrahiert. Das Ergebnis ist 144. Um welche Zahl handelt es sich?

e) Vergrößert man den 15. Teil einer Zahl um 327, dann erhält man 500. Wie heißt diese Zahl?

f) Ich denke mir eine Zahl, multipliziere sie mit 12 und subtrahiere anschließend 488. Welche Zahl habe ich mir gedacht, wenn ich als Ergebnis 1000 erhalte?

g) Den wievielten Teil von 3400 muss ich von 1225 subtrahieren, um 800 zu erhalten?

h) Das Wievielfache von 125 muss man von 4388 subtrahieren, um 888 zu erhalten?

i) Vergrößert man ein Zehntel einer Zahl um 389, dann erhält man 733. Wie heißt diese Zahl?

k) Ich denke mir eine Zahl, halbiere sie und subtrahiere anschließend 285. Welche Zahl habe ich mir gedacht, wenn das Ergebnis 555 ist?

3 Berechne die gesuchte Zahl x.

a) $x : 12 + 121 \cdot 25 = 125 \cdot 25$;

b) $4 \cdot x - 288 : 36 = (161 + 105) \cdot 2$;

c) $2489 - 1424 : x = (55 + 25) \cdot (55 - 25)$;

d) $(76 + 139) \cdot x + (225 - 198) \cdot (124 + 52) = (5721 - 1772) \cdot 3$;

e) $(928 + 72) \cdot 12 + x : (354 - 298) = 32 \cdot (567 - 188)$;

f) $(896 : x + 11 \cdot (376 - 289) = 29\,364 : 28$;

g) $x \cdot (391 - 219) - (428 + 1364) : 32 = (376 - 192) \cdot 24$;

h) $(188 + 137) \cdot (538 - 273) - (55\,555 - 7055) : x = 688 \cdot 125$;

i) $(828 + 372) \cdot x - 588 \cdot 111 = (84 \cdot 345) : 15$;

k) $x : 12 - (388 - 256) = 20\,075 : 365 - (487 - 458)$.

Gleichungen mit natürlichen Zahlen, bei denen die gesuchte Zahl in Klammern steht

Gelegentlich kann es bei einer Gleichung vorkommen, dass die gesuchte Zahl x in einer Klammer steht.

Ein Beispiel dafür ist die Gleichung

$$(x + 3) \cdot 9 = 63$$

Sie ist die mathematische Formulierung des folgenden Zahlenrätsels:

> Ich habe mir eine Zahl gedacht, zu dieser 3 addiert
> und die so erhaltene Summe mit 9 multipliziert.
> Als Ergebnis habe ich 63 erhalten. Wie heißt die gedachte Zahl?

Die Lösung finden wir schrittweise so:

Das ist der 1. Faktor		Das ist der 2. Faktor		Das ist der Produktwert
(x + 3)	·	9	=	63

1. Schritt: Probe auf den 1. Faktor:

$$(x + 3) = 63 : 9$$
$$(x + 3) = 7$$

Im 2. Schritt gehts weiter wie gewohnt:

$$x + 3 = 7$$
$$x = 7 - 3$$
$$\underline{x = 4.}$$

Und so sind wir in 2 Schritten zur Lösung gelangt:

5 Gleichungen mit x in Klammern

Im **1. Schritt** haben wir zunächst die Klammer berechnet, also die Zahl $(x + 3)$.

$$(x + 3) \cdot 9 = 63$$
$$(x + 3) = 63 : 9$$
$$(x + 3) = 7$$

Im **2. Schritt** haben wir dann die gesuchte Zahl selbst berechnet, also die Zahl x.

$$x + 3 = 7$$
$$x = 7 - 3$$
$$\underline{x = 4}$$

Weitere Beispiele:

- $7 \cdot (x - 5) = 91$
  $(x - 5) = 91 : 7$
  $x - 5 = 13$
  $x = 13 + 5$
  $\underline{x = 18}$

  Mögliche Wortform:
  Ich habe mir eine Zahl gedacht und von ihr 5 subtrahiert. Das 7fache der so erhaltenen Differenz ist 91. Wie heißt die gedachte Zahl?

- $(x + 128) : 24 = 18$
  $(x + 128) = 18 \cdot 24$
  $x + 128 = 432$
  $x = 432 - 128$
  $\underline{x = 304}$

  Mögliche Wortform:
  Addiert man zu einer Zahl 128 und dividiert die so erhaltene Summe durch 24, dann erhält man 18. Wie heißt diese Zahl?

- $(6 \cdot x) : 7 = 48$
  $(6 \cdot x) = 48 \cdot 7$
  $6 \cdot x = 336$
  $x = 336 : 6$
  $\underline{x = 56}$

  Mögliche Wortform:
  Dividiert man das 6fache einer Zahl durch 7, so erhält man 48. Wie heißt diese Zahl?

- $(x : 15) \cdot 288 = 2592$
  $(x : 15) = 2592 : 288$
  $x : 15 = 9$
  $x = 9 \cdot 15$
  $\underline{x = 135}$

  Mögliche Wortform:
  Ich denke mir eine Zahl, dividiere sie durch 15 und multipliziere den so erhaltenen Quotienten mit 288. Welche Zahl habe ich mir gedacht, wenn das Endergebnis dieser Rechnung 2592 ist?

Auch derartige Gleichungen kann man sich mithilfe eines Rechenbaumes veranschaulichen.

Beispiel:

$144 : (23 - x) = 18$

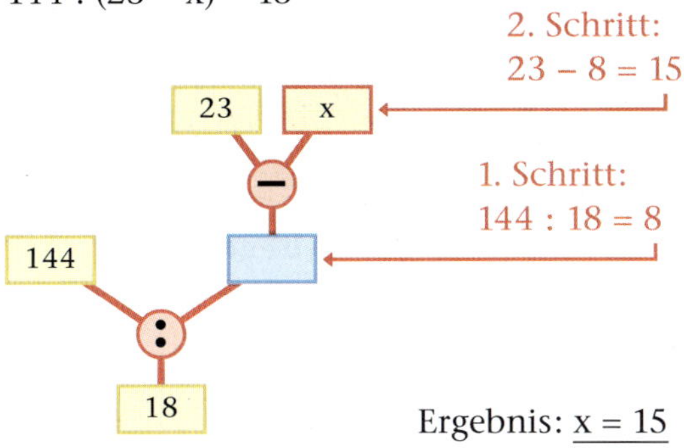

Ergebnis: $\underline{x = 15}$

1 Berechne die gesuchte Zahl x.

a) $6 \cdot (x + 13) = 162$;
b) $(x - 24) \cdot 12 = 132$;
c) $(125 + x) : 24 = 18$;
d) $1496 : (x - 24) = 88$;
e) $525 - (313 - x) = 222$;
f) $(x + 338) : 27 = 101$;
g) $717 \cdot (171 - x) = 50\,190$;
h) $(587 - x) : 13 = 29$;
i) $1783 - (x + 488) = 999$;
k) $(12 \cdot x) : 25 = 84$;
l) $215 \cdot (x : 18) = 7095$;
m) $3738 : (373 - x) = 178$;
n) $(25\,000 + x) : 144 = 203$;
o) $648 : (x : 24) = 54$;
p) $307 \cdot (x - 228) = 6754$;
q) $5799 - (3844 - x) = 4876$;
r) $(x - 472) : 23 = 212$;
s) $(719 - x) \cdot 109 = 6104$;
t) $115 \cdot (288 : x) = 1840$;
u) $12\,801 : (x \cdot 17) = 251$.

2 Stelle jeweils eine Gleichung auf und berechne die gesuchte Zahl x.

a) Ich denke mir eine Zahl, addiere 21 und multipliziere die so erhaltene Summe mit 44. Als Ergebnis erhalte ich 1584. Welche Zahl habe ich mir gedacht?

b) Ich denke mir eine Zahl, subtrahiere 322 und dividiere die so erhaltene Differenz durch 15. Welche Zahl habe ich mir gedacht, wenn das Endergebnis meiner Rechnung 38 ist?

c) Ich habe mir eine Zahl gedacht und sie von 378 subtrahiert. Das 25fache der so erhaltenen Differenz ist 7500. Wie heißt die gedachte Zahl?

d) Vergrößert man eine Zahl um 378 und dividiert das Ergebnis durch 28, so erhält man 36. Wie heißt die Zahl?

e) Ich habe mir eine Zahl gedacht, sie von 2434 subtrahiert und die so erhaltene Differenz von 3825 subtrahiert. Als Ergebnis erhielt ich 2559. Welche Zahl habe ich mir gedacht?

f) Dividiert man die Zahl 792 durch den 18. Teil einer Zahl, so erhält man 33. Um welche Zahl handelt es sich?

g) Dividiert man das 11fache einer Zahl durch 14, so erhält man 77. Wie heißt die Zahl?

h) Multipliziert man den 15. Teil einer Zahl mit 288, so erhält man 2592. Wie heißt die Zahl?

i) Subtrahiert man die Summe aus einer Zahl und 6388 von 7556, dann erhält man 1000. Wie heißt diese Zahl?

k) Dividiert man das 120fache einer Zahl durch 887, so erhält man 60. Wie heißt die Zahl?

l) Den wievielten Teil von 672 muss man mit 25 multiplizieren, um 700 zu erhalten?

m) Das Wievielfache von 256 muss man durch 44 teilen, um 192 zu erhalten?

Die Gleichungen dieses Kapitels ließen sich bisher stets in 2 Schritten lösen. Es gibt aber auch Gleichungen, zu deren Lösung mehr als 2 Schritte erforderlich sein können.
So empfiehlt es sich zum Beispiel, die Gleichung

$$6 \cdot (x + 13) + 14 = 200$$

in 3 Schritten zu lösen.

Im **1. Schritt** berechnet man das 6fache der Klammer, also die Zahl $6 \cdot (x + 13)$.

$$6 \cdot (x + 13) + 14 = 200$$
$$6 \cdot (x + 13) = 200 - 14$$
$$6 \cdot (x + 13) = 186$$

Im **2. Schritt** berechnet man die Klammer, also die Zahl (x + 13).

$$6 \cdot (x + 13) = 186$$
$$(x + 13) = 186 : 6$$
$$x + 13 = 31$$

Im **3. Schritt** berechnet man schließlich die gesuchte Zahl selbst, also die Zahl x.

$$x + 13 = 31$$
$$x = 31 - 13$$
$$\underline{x = 18}$$

Zur Lösung der Gleichung

$$(x - 27) : 3 + 15 \cdot 18 = 7128 : 24$$

geht man zweckmäßigerweise sogar in 4 Schritten vor.

Im **1. Schritt** berechnen wir zunächst alles, was unabhängig von der gesuchten Zahl x berechnet werden kann.

$$(x - 27) : 3 + \underbrace{15 \cdot 18}_{} = \underbrace{7128 : 24}_{}$$
$$(x - 27) : 3 + 270 = 297$$

Im **2. Schritt** berechnen wir den 3. Teil der Klammer, also die Zahl (x – 27) : 3.

$$(x - 27) : 3 + 270 = 297$$
$$(x - 27) : 3 = 297 - 270$$
$$(x - 27) : 3 = 27$$

Im **3. Schritt** berechnen wir die Klammer, also die Zahl (x – 27).

$$(x - 27) : 3 = 27$$
$$(x - 27) = 27 \cdot 3$$
$$(x - 27) = 81$$

Im **4. Schritt** berechnen wir nun endlich die gesuchte Zahl selbst, also die Zahl x.

$$x - 27 = 81$$
$$x = 81 + 27$$
$$\underline{x = 108}$$

Auch bei derartig verwickelten und verwinkelten Gleichungen kann ein Rechenbaum gute Dienste leisten.

5 Gleichungen mit x in Klammern

Beispiel:

$990 : 18 + 15\,(x - 23) = 100$

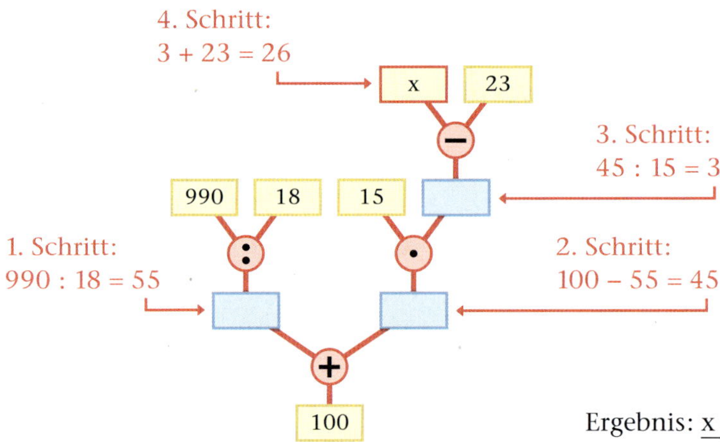

Ergebnis: <u>x = 26</u>

3 Berechne die gesuchte Zahl x.

a) $8 \cdot (18 + x) + 26 = 298$;
b) $(125 - x) \cdot 19 - 750 = 998$;
c) $2420 : (x + 12) + 338 = 393$;
d) $(x - 39) : 88 + 84 = 120$;
e) $58 \cdot (x + 43) - 3127 = 2963$;
f) $7598 + (x - 2117) : 33 = 8000$;
g) $3897 - 85 \cdot (x - 386) = 582$;
h) $7866 + (x + 444) \cdot 33 = 29\,844$;
i) $4955 + 2565 : (425 - x) = 5000$;
k) $(x + 92) \cdot 15 + 3350 = 5000$;
l) $8241 : (x - 87) + 417 = 618$;
m) $7654 - (89 - x) \cdot 44 = 5322$;
n) $(x - 22) \cdot 48 + 27 \cdot 111 = 4101$;
o) $(860 + x) : 12 + 4372 = 707 \cdot 11$.

Zusammenfassung

Das hast du im 5. Kapitel gelernt:

Es gibt Gleichungen, bei denen die gesuchte Zahl x in Klammern steht.

$(813 - x) : 17 = 45$ $\qquad$ $12 \cdot (x + 27) = 624$

Solche Gleichungen löst man in 2 Schritten.

*Im **1. Schritt** berechnet man zunächst die Klammer als Ganzes.*

$$(813 - x) : 17 = 45$$
$$(813 - x) = 45 \cdot 17$$
$$(813 - x) = 765$$

$$12 \cdot (x + 27) = 624$$
$$(x + 27) = 624 : 12$$
$$(x + 27) = 52$$

*Im **2. Schritt** berechnet man dann die gesuchte Zahl x selbst.*

$$813 - x = 765$$
$$x = 813 - 765$$
$$\underline{x = 48}$$

$$x + 27 = 52$$
$$x = 52 - 27$$
$$\underline{x = 25}$$

Zur Lösung derartiger Gleichungen können aber gelegentlich auch mehr als 2 Schritte erforderlich sein.

$8 \cdot (x + 14) - 26 = 182$ $\qquad$ $44 \cdot 23 + (x + 27) : 12 = 983 + 245$

1. Schritt:

$$8 \cdot (x + 14) - 26 = 182$$
$$8 \cdot (x + 14) = 182 + 26$$
$$8 \cdot (x + 14) = 208$$

$$1012 + (x + 27) : 12 = 1228$$
$$(x + 27) : 12 = 1228 - 1012$$
$$(x + 27) : 12 = 216$$

2. Schritt:

$$8 \cdot (x + 14) = 208$$
$$(x + 14) = 208 : 8$$
$$(x + 14) = 26$$

$$(x + 27) : 12 = 216$$
$$(x + 27) = 216 \cdot 12$$
$$(x + 27) = 2592$$

3. Schritt:

$$x + 14 = 26$$
$$x = 26 - 14$$
$$\underline{x = 12}$$

$$x + 27 = 2592$$
$$x = 2592 - 27$$
$$\underline{x = 2565}$$

Test zum 5. Kapitel

Mit den folgenden Aufgaben kannst du überprüfen, ob du den Stoff des 5. Kapitels beherrschst und anwenden kannst. Mehr als 3 Fehler pro Aufgabenblock sollten dir dabei nicht unterlaufen.

1 Berechne die gesuchte Zahl x.

a) $5 \cdot (x + 13) = 375$; **b)** $(328 + x) : 16 = 83$;
c) $(253 - x)\ x \cdot 14 = 1554$; **d)** $1452 : (x - 23) = 33$;
e) $1725 - (x - 333) = 148$; **f)** $401 \cdot (x : 22) = 6015$;
g) $(225 \cdot x) : 21 = 75$; **h)** $(x - 139) : 42 = 16$;
i) $7388 - (4428 - x) = 5000$; **k)** $8640 : (x \cdot 12) = 48$.

2 Stelle jeweils eine Gleichung auf und berechne die gesuchte Zahl.

a) Ich denke mir eine Zahl, addiere 25 und multipliziere die so erhaltene Summe mit 15. Das Endergebnis ist 720. Welches ist die gedachte Zahl?
b) Ich denke mir eine Zahl, subtrahiere 425 und dividiere die so erhaltene Differenz durch 21. Als Endergebnis erhalte ich 43. Welche Zahl habe ich mir gedacht?
c) Subtrahiert man von einer Zahl 12 und multipliziert anschließend das Ergebnis mit 24, so erhält man 840. Um welche Zahl handelt es sich?
d) Dividiert man das 12fache einer Zahl durch 15, so erhält man 100. Wie heißt die Zahl?
e) Multipliziert man den 18. Teil einer Zahl mit 25, so erhält man 600. Wie heißt diese Zahl?
f) Subtrahiert man die Summe aus einer Zahl und 235 von der Zahl 6875, so erhält man 5000. Um welche Zahl handelt es sich?
g) Den wievielten Teil von 1068 muss man mit 25 multiplizieren, um 2225 zu erhalten?
h) Das Wievielfache von 144 muss man durch 33 dividieren, um 48 zu erhalten?
i) Die 14fache Summe aus einer Zahl und 122 ist 3500. Um welche Zahl handelt es sich?
k) Dividiert man den 48. Teil einer Zahl durch 3, dann erhält man 15. Wie heißt die Zahl?

3 Berechne die gesuchte Zahl x.

a) $9 \cdot (x + 22) + 44 = 449$;
b) $(378 - x) : 36 + 42 = 50$;
c) $(x - 44) \cdot 13 - 132 = 180$;
d) $4328 + (128 - x) \cdot 24 = 6056$;
e) $6231 : (x - 124) = 5829 : 29$;
f) $1888 - (x + 42) \cdot 29 = 3$;
g) $112 \cdot 111 - 114 \cdot (133 - x) = 4080 : 34$;
h) $(234 + 122) \cdot 33 + 215 \cdot (x - 512) = 36\,725 + 8133$;
i) $(401 - 293) \cdot (45 - x) - 229 \cdot 2^2 = 2000$;
k) $(1235 + 1449) : (x - 33) + 5^3 \cdot 66 = 517 \cdot 2^4$.

Ungleichungen mit natürlichen Zahlen

Ungleichungen unterscheiden sich von Gleichungen dadurch, dass bei ihnen anstelle des Gleichheitszeichens eines der Zeichen

$<$ („kleiner als")
$>$ („größer als")
$\leqq$ („kleiner oder gleich")
$\geqq$ („größer oder gleich")

steht.

Beispiele:

$x + 3 > 7$
$45 - x \leqq 10$
$x \cdot 5 < 20$
$18 : x \geqq 2$

Genau wie die Gleichungen stellen auch die Ungleichungen für uns zunächst nichts anderes dar als Zahlenrätsel.
Anders als bei Gleichungen werden bei Ungleichungen allerdings in der Regel mehrere Zahlen gesucht.
Diese gesuchten Zahlen fasst man zur so genannten Lösungsmenge zusammen. Sie wird mit dem Buchstaben $\mathbb{L}$ bezeichnet.

Mit der Ungleichung $x < 5$ werden alle natürlichen Zahlen gesucht, die kleiner als 5 sind.
Sie werden in der Lösungsmenge dieser Ungleichung zusammengefasst. Die Lösungsmenge kann am Zahlenstrahl dargestellt werden.

$x < 5$

$\mathbb{L} = \{0; 1; 2; 3; 4\}$

6 Ungleichungen mit natürlichen Zahlen

Lautet die Ungleichung $x \leqq 5$, dann kommt die 5 selbst auch noch mit in die Lösungsmenge.

$x \leqq 5$

$\mathbb{L} = \{0; 1; 2; 3; 4; 5\}$

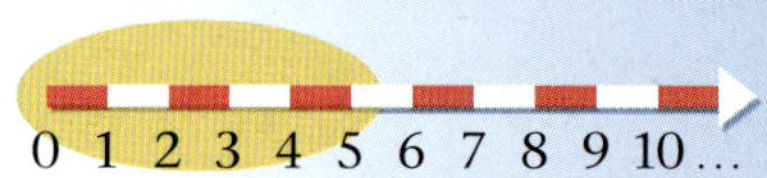

Mit der Ungleichung $x > 5$ werden alle natürlichen Zahlen gesucht, die größer als 5 sind.
Die Lösungsmenge dieser Ungleichung hat unendlich viele Elemente.

$x > 5$

$\mathbb{L} = \{6; 7; 8; 9; 10 \ldots\}$

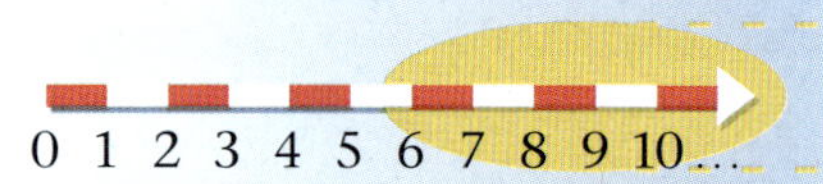

Lautet die Ungleichung $x \geqq 5$, dann kommt die 5 selbst auch noch mit in die Lösungsmenge.

$x \geqq 5$

$\mathbb{L} = \{5; 6; 7; 8; 9; 10 \ldots\}$

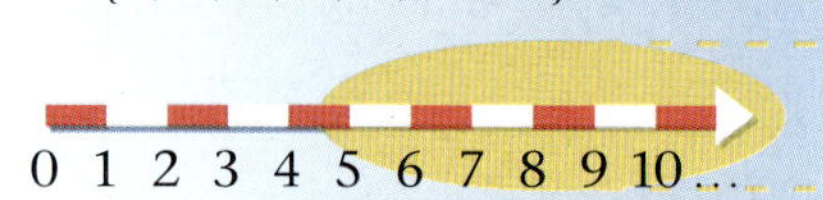

Weitere Beispiele:

- $x < 17$; $\mathbb{L} = \{0; 1; 2; 3; \ldots; 15; 16\}$
- $x > 34$; $\mathbb{L} = \{35; 36; 37; \ldots\}$
- $x \leqq 48$; $\mathbb{L} = \{0; 1; 2; 3; \ldots; 47; 48\}$
- $x \geqq 13$; $\mathbb{L} = \{13; 14; 15; \ldots\}$

Das x muss nicht unbedingt auf der linken Seite der Ungleichung stehen!

Statt	$x < 17$	kann auch	$17 > x$	stehen;
statt	$x > 34$	kann auch	$34 < x$	stehen;
statt	$x \leqq 48$	kann auch	$48 \geqq x$	stehen;
statt	$x \geqq 13$	kann auch	$13 \leqq x$	stehen.

Beispiele:

- $8 < x$; $\mathbb{L} = \{9; 10; 11 \ldots\}$
- $25 > x$; $\mathbb{L} = \{0; 1; 2; 3; \ldots; 23; 24\}$
- $15 \leqq x$; $\mathbb{L} = \{15; 16; 17; \ldots\}$
- $55 \geqq x$; $\mathbb{L} = \{0; 1; 2; 3; \ldots; 54; 55\}$

1 Bestimme ebenso die Lösungsmengen der folgenden Ungleichungen.

a) $x < 34$; **b)** $23 \geqq x$; **c)** $44 > x$; **d)** $x \geqq 16$;
e) $12 < x$; **f)** $x < 12$; **g)** $45 > x$; **h)** $x < 45$;
i) $67 > x$; **k)** $x > 67$; **l)** $67 \geqq x$; m) $x \geqq 67$.

1. Ungleichungen vom Typ x + a < b bzw. x + a > b

Nicht immer sind Ungleichungen von so einfacher Bauart wie diejenigen, mit denen wir uns bisher beschäftigt haben. Etwas komplizierter sieht diese Ungleichung aus:

$$x + 3 < 8$$

Sie ist die mathematische Formulierung des folgenden Zahlenrätsels:

> Der Wert einer aus zwei Summanden bestehenden Summe soll kleiner als 8 sein. Der 2. Summand ist 3. Welche natürliche Zahl kann als 1. Summand stehen?

$$x + 3 < 8$$

Wer kann der 1. Summand sein?

$$\mathbb{L} = \{0;\ 1;\ 2;\ 3;\ 4\}$$

Wenn du die Lösungsmenge dieser Ungleichung nicht sofort erkennst, dann kannst du folgendermaßen vorgehen:

Die gegebene Ungleichung	$x + 3 < 8$
machst du vorübergehend zu einer Gleichung	$x + 3 = 8$
Die Lösung dieser Gleichung erhältst du aus der Probe auf den 1. Summanden.	$x = 8 - 3$ $x = 5$
Daraus folgt:	$5 + 3 = 8$
Wenn aber $5 + 3 = 8$ ist, dann ist	$4 + 3 < 8$
und	$3 + 3 < 8$
und	$2 + 3 < 8$
und	$1 + 3 < 8$
und	$0 + 3 < 8$
Somit erhält man als Lösungsmenge der gegebenen Ungleichung:	$\mathbb{L} = \{0;\ 1;\ 2;\ 3;\ 4\}$

Weitere Beispiele:

- $x + 88 \leqq 197$

$$x + 88 = 197$$
$$x = 197 - 88$$
$$x = 109$$

$109 + 88 = 197$
$108 + 88 < 197$
$107 + 88 < 197$
. . .
. . .
. . .
$2 + 88 < 197$
$1 + 88 < 197$
$0 + 88 < 197$

$\mathbb{L} = \{0; 1; 2; \ldots; 108; 109\}$

- $128 + x < 422$

$$128 + x = 422$$
$$x = 422 - 128$$
$$x = 294$$

$128 + 294 = 422$
$128 + 293 < 422$
$128 + 292 < 422$
$128 + 291 < 422$
. . .
. . .
. . .
$128 + 1 < 422$
$128 + 0 < 422$

$\mathbb{L} = \{0; 1; 2; \ldots; 292; 293\}$

2 Berechne ebenso die Lösungsmengen der folgenden Ungleichungen.

a) $x + 245 < 344$;
b) $167 + x \leqq 209$;
c) $x + 449 \leqq 944$;
d) $x + 207 < 380$;
e) $587 + x \leqq 1934$;
f) $756 + x \leqq 1000$;
g) $964 + x < 1266$;
h) $964 + x \leqq 1266$;
i) $376 + x < 555$;
k) $x + 376 < 555$.

Bisher sollte bei allen Beispielen und Aufgaben der Summenwert **kleiner** sein als eine bestimmte Zahl. Das von uns entwickelte Verfahren zur Bestimmung der Lösungsmenge lässt sich aber auch anwenden, wenn der Summenwert **größer** als eine bestimmte Zahl sein soll.

$x + 98 > 177$ →

$$x + 98 = 177$$
$$x = 177 - 98$$
$$x = 79$$

$79 + 98 = 177$ ←
$80 + 98 > 177$
$81 + 98 > 177$
$82 + 98 > 177$
. . .
. . .
. . .

$\mathbb{L} = \{80; 81; 82; \ldots\}$

3 Berechne ebenso die Lösungsmengen der folgenden Ungleichungen.

a) $x + 77 > 222$;
b) $419 + x \geqq 567$;
c) $x + 308 \geqq 803$;
d) $x + 234 > 432$;
e) $557 + x > 633$;
f) $774 + x \geqq 961$;
g) $x + 489 > 591$;
h) $97 + x \geqq 1222$;
i) $x + 97 \geqq 1222$;
k) $x + 97 > 1222$.

Und nun gehts bunt durcheinander.
Mal größer, mal kleiner als eine vorgegebene Zahl soll der Summenwert in der folgenden Aufgabe sein.

4 Bestimme die Lösungsmengen.

a) $x + 54 < 347$; **b)** $87 + x > 193$; **c)** $56 + x \leqq 495$;
d) $x + 576 < 666$; **e)** $x + 459 < 588$; **f)** $883 + x \geqq 999$;
g) $x + 409 < 904$; **h)** $1234 + x \geqq 4321$; **i)** $749 + x \leqq 945$;
k) $749 + x > 945$; **l)** $333 + x > 456$; **m)** $x + 457 \leqq 592$;
n) $x + 4567 < 7777$; **o)** $403 + x \geqq 589$; **p)** $x + 699 > 996$;
q) $409 + x > 410$; **r)** $409 + x \geqq 409$; **s)** $409 + x > 408$;
t) $x + 356 < 357$; **u)** $x + 356 < 356$; **v)** $x + 356 \leqq 356$;
w) $x + 356 < 355$; **x)** $257 + x > 123$; **y)** $369 + x < 125$.

2. Ungleichungen vom Typ $x - a < b$ bzw. $x - a > b$

Die Ungleichung

$$x - 5 < 4$$

ist die mathematische Formulierung des folgenden Zahlenrätsels:

Der Wert einer Differenz soll kleiner als 4 sein.
Der Subtrahend ist 5.
Welche natürliche Zahl kann der Minuend sein?

$x - 5 < 4$

Wer kann Minuend sein?

$\mathbb{L} = \{5; 6; 7; 8\}$

Wenn du die Lösungsmenge dieser Ungleichung nicht sofort erkennst, dann kannst du folgendermaßen vorgehen:

Aus der gegebenen Ungleichung	$x - 5 < 4$
machst du vorübergehend eine Gleichung	$x - 5 = 4$
Die Lösung dieser Gleichung ergibt sich aus der Probe auf den Minuenden.	$x = 4 + 5$ $x = 9$
Daraus folgt:	$9 - 5 = 4$
Wenn aber $9 - 5 = 4$ ist, dann ist	$8 - 5 < 4$
und	$7 - 5 < 4$
und	$6 - 5 < 4$
und	$5 - 5 < 4$
Somit ergibt sich als Lösungsmenge:	$\mathbb{L} = \{5; 6; 7; 8\}$

Weitere Beispiele:

- $x - 7 \leqq 12$

$$x - 7 = 12$$
$$x = 12 + 7$$
$$x = 19$$

$$19 - 7 = 12$$
$$18 - 7 < 12$$
$$17 - 7 < 12$$
$$\vdots$$
$$8 - 7 < 12$$
$$7 - 7 < 12$$

$$\mathbb{L} = \{7; 8; \ldots; 18; 19\}$$

$x - 12 > 3$

$x - 12 = 3$
$x = 3 + 12$
$x = 15$

$15 - 12 = 3$
$16 - 12 > 3$
$17 - 12 > 3$
$18 - 12 > 3$
. . .
. . .
. . .

$\mathbb{L} = \{16; 17; 18 \ldots\}$

5 Berechne ebenso die Lösungsmengen der folgenden Ungleichungen.

a) $x - 17 > 12$; **b)** $x - 23 < 5$; **c)** $x - 54 \leqq 77$;
d) $x - 33 \geqq 17$; **e)** $x - 83 > 95$; **f)** $x - 95 \leqq 122$;
g) $x - 244 < 125$; **h)** $x - 333 \geqq 488$; **i)** $x - 555 \leqq 555$;
k) $x - 555 > 555$.

3. Ungleichungen vom Typ a – x < b bzw. a – x > b

Die Ungleichung

$$9 - x < 4$$

ist die mathematische Formulierung dieses Zahlenrätsels:

Welche natürliche Zahl muss ich von 9 subtrahieren, damit der Wert der Differenz kleiner als 4 wird?

6 Ungleichungen mit natürlichen Zahlen

$9 - x < 4$

Wer kann der Subtrahend sein?

$\mathbb{L} = \{6; 7; 8; 9\}$

Wenn du die Lösungsmenge nicht sofort erkennst, dann kannst du folgendermaßen vorgehen:

Aus der gegebenen Ungleichung	$9 - x < 4$
machst du vorübergehend eine Gleichung	$9 - x = 4$
Die Lösung dieser Gleichung ergibt sich aus der Probe auf den Subtrahenden.	$x = 9 - 4$ $x = 5$
Daraus folgt:	$9 - 5 = 4$
Wenn aber $9 - 5 = 4$ ist, dann ist	$9 - 6 < 4$
und	$9 - 7 < 4$
und	$9 - 8 < 4$
und	$9 - 9 < 4$
Somit ergibt sich als Lösungsmenge:	$\mathbb{L} = \{6; 7; 8; 9\}$

Weitere Beispiele:

- $12 - x \leqq 7$

$$12 - x = 7$$
$$x = 12 - 7$$
$$x = 5$$

$12 - 5 = 7$
$12 - 6 < 7$
$12 - 7 < 7$
. . .
. . .
. . .
$12 - 11 < 7$
$12 - 12 < 7$

$\mathbb{L} = \{5; 6; 7; \ldots; 11; 12\}$

- $11 - x > 6$

$$11 - x = 6$$
$$x = 11 - 6$$
$$x = 5$$

$11 - 5 = 6$
$11 - 4 > 6$
$11 - 3 > 6$
$11 - 2 > 6$
$11 - 1 > 6$
$11 - 0 > 6$

$\mathbb{L} = \{0; 1; 2; 3; 4\}$

6 Berechne ebenso die Lösungsmengen der folgenden Ungleichungen.

a) $15 - x < 8$;
b) $23 - x > 7$;
c) $57 - x \leqq 25$;
d) $128 - x \geqq 77$;
e) $289 - x > 285$;
f) $376 - x < 187$;
g) $444 - x \leqq 222$;
h) $739 - x \geqq 428$;
i) $878 - x > 29$;
k) $1244 - x \leqq 978$.

4. Ungleichungen vom Typ $a \cdot x < b$ bzw. $a \cdot x > b$

Die Ungleichung

$$8 \cdot x < 32$$

ist die mathematische Formulierung des folgenden Zahlenrätsels:

> Von welchen natürlichen Zahlen ist das 8fache kleiner als 32?

$$8 \cdot x < 32$$

Wer kann der 2. Faktor sein?

$$\mathbb{L} = \{0; 1; 2; 3\}$$

Wenn du die Lösungsmenge nicht sofort erkennst, dann kannst du folgendermaßen vorgehen:

Aus der gegebenen Ungleichung	$8 \cdot x < 32$
machst du vorübergehend eine Gleichung	$8 \cdot x = 32$
Die Lösung dieser Gleichung erhältst du aus der Probe auf den 2. Faktor.	$x = 32 : 8$ $x = 4$
Daraus folgt:	$8 \cdot 4 = 32$
Wenn aber $8 \cdot 4 = 32$ ist, dann ist	$8 \cdot 3 < 32$
und	$8 \cdot 2 < 32$
und	$8 \cdot 1 < 32$
und	$8 \cdot 0 < 32$
Somit ergibt sich als Lösungsmenge:	$\mathbb{L} = \{0; 1; 2; 3\}$

Weitere Beispiele:

$3 \cdot x \leqq 18$

$3 \cdot x = 18$
$x = 18 : 3$
$x = 6$

$3 \cdot 6 = 18$
$3 \cdot 5 < 18$
$3 \cdot 4 < 18$
$3 \cdot 3 < 18$
$3 \cdot 2 < 18$
$3 \cdot 1 < 18$
$3 \cdot 0 < 18$

$\mathbb{L} = \{0; 1; 2; 3; 4; 5; 6\}$

$x \cdot 7 > 28$

$x \cdot 7 = 28$
$x = 28 : 7$
$x = 4$

$4 \cdot 7 = 28$
$5 \cdot 7 > 28$
$6 \cdot 7 > 28$
$7 \cdot 7 > 28$
$\vdots$

$\mathbb{L} = \{5; 6; 7; \ldots\}$

7 Berechne ebenso die Lösungsmengen der folgenden Ungleichungen.

a) $7 \cdot x < 28$; **b)** $x \cdot 5 > 45$; **c)** $x \cdot 12 \leqq 60$;
d) $15 \cdot x \geqq 135$; **e)** $24 \cdot x > 384$; **f)** $x \cdot 18 \leqq 414$;
g) $28 \cdot x < 924$; **h)** $x \cdot 81 \geqq 5346$; **i)** $125 \cdot x < 4500$;
k) $x \cdot 217 \geqq 19\,096$.

6 Ungleichungen mit natürlichen Zahlen

Bei der Ungleichung

$$4 \cdot x < 15$$

versagt unser bisheriges Verfahren.

Die zugehörige Gleichung lautet

$$4 \cdot x = 15$$

Für diese Gleichung finden wir keine Lösung, weil es keine natürliche Zahl gibt, deren 4faches gleich 15 ist.

In einem solchen Fall kannst du folgendermaßen vorgehen:

Die gegebene Ungleichung $4 \cdot x < 15$

formst du zunächst so um, dass auf der rechten Seite das **größte** Vielfache von 4 steht, das gerade noch **kleiner** als 15 ist.

Das ist die Zahl 12.

Wenn du sie an die Stelle von 15 setzt und gleichzeitig das Zeichen „<“ durch das Zeichen „≦“ ersetzt, dann erhältst du die Ungleichung $4 \cdot x \leqq 12$

Diese neue Ungleichung hat dieselbe Lösungsmenge wie die gegebene Ungleichung.

Und mit dieser neuen Ungleichung geht es nun weiter wie gewohnt. $4 \cdot x \leqq 12$ → $4 \cdot x = 12$

$$x = 12 : 4$$
$$x = 3$$

$x = 3$

$4 \cdot 3 = 12 < 15$
$4 \cdot 2 < 15$
$4 \cdot 1 < 15$
$4 \cdot 0 < 15$

$\mathbb{L} = \{0; 1; 2; 3\}$

Weitere Beispiele:

- Die gegebene Ungleichung

$$x \cdot 6 \leqq 95$$

wird umgeformt zu einer Ungleichung
mit derselben Lösungsmenge:

$$x \cdot 6 \leqq 90$$

$x \cdot 6 = 90$
$x = 90 : 6$
$x = 15$

$15 \cdot 6 = 90 < 95$
$14 \cdot 6 < 95$
$13 \cdot 6 < 95$
$\vdots$
$1 \cdot 6 < 95$
$0 \cdot 6 < 95$

$\mathbb{L} = \{0; 1; 2; 3; \ldots; 14; 15\}$

6 Ungleichungen mit natürlichen Zahlen

- Die gegebene Ungleichung lautet

$$12 \cdot x < 78$$

Die umgeformte Ungleichung mit derselben Lösungsmenge ist

$$12 \cdot x \leqq 72$$

Hier steht das größte Vielfache von 12, das gerade noch kleiner ist als 78.

$$12 \cdot x = 72$$
$$x = 72 : 12$$
$$x = 6$$

$$12 \cdot 6 = 72 < 78$$
$$12 \cdot 5 < 78$$
$$12 \cdot 4 < 78$$
$$\vdots$$
$$12 \cdot 1 < 78$$
$$12 \cdot 0 < 78$$

$$\mathbb{L} = \{0; 1; 2; 3; 4; 5; 6\}$$

8 Bestimme ebenso die Lösungsmengen der folgenden Ungleichungen.

a) $5 \cdot x < 28$; **b)** $x \cdot 7 < 45$; **c)** $x \cdot 12 \leqq 50$;
d) $15 \cdot x \leqq 35$; **e)** $8 \cdot x < 100$; **f)** $x \cdot 9 \leqq 121$;
g) $25 \cdot x < 83$; **h)** $25 \cdot x \leqq 80$; **i)** $44 \cdot x \leqq 143$;
k) $x \cdot 125 < 389$.

Ganz entsprechend verfährst du mit der Ungleichung

$$4 \cdot x > 15$$

Nur musst du in diesem Fall auf die rechte Seite der Ungleichung das **kleinste** Vielfache von 4 schreiben, das gerade noch **größer** als 15 ist. Das ist aber die Zahl 16.

Und so sieht dann der Lösungsweg aus:

Die gegebene Ungleichung:	$4 \cdot x > 15$
Die umgeformte Ungleichung mit derselben Lösungsmenge:	$4 \cdot x \geqq 16$

$$4 \cdot x = 16$$
$$x = 16 : 4$$
$$x = 4$$

$$4 \cdot 4 = 16 > 15$$
$$4 \cdot 5 > 15$$
$$4 \cdot 6 > 15$$
$$\vdots$$
$$\mathbb{L} = \{4;\ 5;\ 6;\ 7;\ \ldots\}$$

Weitere Beispiele:

- Die gegebene Ungleichung $11 \cdot x \geqq 50$

  wird in eine Ungleichung mit derselben Lösungsmenge umgeformt: $11 \cdot x \geqq 55$

$$11 \cdot x = 55$$
$$x = 55 : 11$$
$$x = 5$$

$$11 \cdot 5 = 55 > 50$$
$$11 \cdot 6 > 55$$
$$11 \cdot 7 > 55$$
$$\vdots$$
$$\mathbb{L} = \{5;\ 6;\ 7;\ 8;\ \ldots\}$$

6 Ungleichungen mit natürlichen Zahlen

Die gegebene Ungleichung

$$x \cdot 7 > 80$$

wird in eine Ungleichung mit derselben Lösungsmenge umgeformt:

$$x \cdot 7 \geqq 84$$

Hier steht das kleinste Vielfache von 7, das gerade noch größer ist als 80.

$$x \cdot 7 = 84$$
$$x = 84 : 7$$
$$x = 12$$

$$12 \cdot 7 = 84 > 80$$
$$13 \cdot 7 < 80$$
$$14 \cdot 7 < 80$$
$$\vdots$$

$$\mathbb{L} = \{12; 13; 14; 15; \ldots\}$$

9 Bestimme ebenso die Lösungsmengen der folgenden Ungleichungen.

a) $5 \cdot x > 23$; **b)** $x \cdot 4 > 50$; **c)** $8 \cdot x \geqq 39$;
d) $15 \cdot x \geqq 93$; **e)** $x \cdot 12 > 88$; **f)** $24 \cdot x \geqq 150$;
g) $36 \cdot x > 250$; **h)** $x \cdot 45 > 1000$; **i)** $125 \cdot x \geqq 488$;
k) $x \cdot 144 \geqq 500$.

Und nun gehts wieder bunt durcheinander.
Mal kleiner, mal größer als eine vorgegebene Zahl soll der Wert des Produktes in der folgenden Aufgabe sein.

10 Bestimme die Lösungsmengen.

a) $x \cdot 3 > 22$; **b)** $8 \cdot x \leqq 24$; **c)** $x \cdot 6 < 25$;
d) $5 \cdot x \geqq 48$; **e)** $7 \cdot x < 49$; **f)** $7 \cdot x \leqq 49$;
g) $12 \cdot x \geqq 60$; **h)** $x \cdot 15 < 55$; **i)** $x \cdot 11 > 82$;

k) $18 \cdot x \leqq 144$; l) $x \cdot 25 \geqq 215$; m) $13 \cdot x < 58$;
n) $32 \cdot x \leqq 200$; o) $x \cdot 16 > 82$; p) $x \cdot 24 > 125$;
q) $17 \cdot x \leqq 88$; r) $55 \cdot x < 500$; s) $x \cdot 45 \geqq 180$;
t) $125 \cdot x \leqq 1000$; u) $x \cdot 128 \geqq 1000$; v) $x \cdot 175 \leqq 1250$.

5. Ungleichungen vom Typ x : a < b bzw. x : a > b

Die Ungleichung

$$x : 5 < 4$$

ist die mathematische Formulierung dieses Zahlenrätsels:

Von welcher natürlichen Zahl ist der 5. Teil kleiner als 4?

$$x : 5 < 4$$

Wer kann der Dividend sein?

$\mathbb{L} = \{0; 5; 10; 15\}$

6 Ungleichungen mit natürlichen Zahlen

Wenn du die Lösungsmenge nicht sofort erkennst, dann kannst du folgendermaßen vorgehen:
Zunächst einmal musst du dir klarmachen, dass an die Stelle von x nur solche Zahlen gesetzt werden können, die durch 5 teilbar sind. Also können auch nur solche Zahlen in der Lösungsmenge erscheinen.
Und nun gehts weiter wie gewohnt:

Aus der gegebenen Ungleichung	$x : 5 < 4$
machst du vorübergehend eine Gleichung	$x : 5 = 4$
Die Lösung dieser Gleichung ergibt sich aus der Probe auf den Dividenden.	$x = 4 \cdot 5$ $x = 20$
Daraus folgt:	$20 : 5 = 4$
Wenn aber 20 : 5 = 4 ist, dann ist	$15 : 5 < 4$
und	$10 : 5 < 4$
und	$5 : 5 < 4$
und	$0 : 5 < 4$
Somit ergibt sich als Lösungsmenge:	$\mathbb{L} = \{0; 5; 10; 15\}$

Weitere Beispiele:

$$x : 3 \leqq 5$$

$$x : 3 = 5$$
$$x = 5 \cdot 3$$
$$x = 15$$

Nur durch 3 teilbare Zahlen dürfen an die Stelle von x gesetzt werden!

$$15 : 3 = 5$$
$$12 : 3 < 5$$
$$9 : 3 < 5$$
$$6 : 3 < 5$$
$$3 : 3 < 5$$
$$0 : 3 < 5$$

$$\mathbb{L} = \{0; 3; 6; 9; 12; 15\}$$

$x : 12 > 4$

$x : 12 = 4$
$x = 4 \cdot 12$
$x = 48$

Nur durch 12 teilbare Zahlen dürfen an die Stelle von x gesetzt werden!

$48 : 12 = 4$
$60 : 12 > 4$
$72 : 12 > 4$
$84 : 12 > 4$
$96 : 12 > 4$
. . .
. . .
. . .

$\mathbb{L} = \{60; 72; 84; 96; 108; \ldots\}$

11 Bestimme ebenso die Lösungsmenge der folgenden Ungleichungen.

a) $x : 5 < 6$; **b)** $x : 4 > 5$; **c)** $x : 8 \geqq 9$;
d) $x : 8 < 8$; **e)** $x : 12 < 7$; **f)** $x : 25 \geqq 12$;
g) $x : 15 \leqq 13$; **h)** $x : 11 < 15$; **i)** $x : 125 \geqq 10$;
k) $x : 45 \leqq 178$.

6. Ungleichungen vom Typ a : x < b bzw. a : x > b

Die Ungleichung

$$12 : x < 6$$

ist die mathematische Formulierung dieses Zahlenrätsels:

Durch welche natürliche Zahl muss man 12 dividieren, damit der Wert des Quotienten kleiner als 6 wird?

6 Ungleichungen mit natürlichen Zahlen

$12 : x < 6$

Wer kann der Divisor sein?

$\mathbb{L} = \{3; 4; 6; 12\}$

Wenn du die Lösungsmenge nicht sofort erkennst, dann kannst du folgendermaßen vorgehen:

Zuerst einmal musst du dir klarmachen, dass an die Stelle von x nur solche Zahlen gesetzt werden können, durch die sich 12 teilen lässt. Also können auch nur solche Zahlen in der Lösungsmenge erscheinen. Und nun gehts weiter wie gewohnt:

Aus der gegebenen Ungleichung	$12 : x < 6$
machen wir vorübergehend eine Gleichung	$12 : x = 6$
Die Lösung dieser Gleichung ergibt sich aus der Probe auf den Divisor.	$x = 12 : 6$ $x = 2$
Daraus folgt:	$12 : 2 = 6$
Wenn aber 12 : 2 = 6 ist, dann ist	$12 : 3 < 6$
und	$12 : 4 < 6$
und	$12 : 6 < 6$
und	$12 : 12 < 6$
Damit ergibt sich als Lösungsmenge:	$\mathbb{L} = \{3; 4; 6; 12\}$

Weitere Beispiele:

- $36 : x \leqq 4$

$36 : x = 4$
$x = 36 : 4$
$x = 9$

Nur solche Zahlen dürfen an die Stelle von x gesetzt werden, durch die sich 36 teilen lässt!

$36 : 9 = 4$
$36 : 12 < 4$
$36 : 18 < 4$
$36 : 36 < 4$

$\mathbb{L} = \{9; 12; 18; 36\}$

- $60 : x > 5$

$60 : x = 5$
$x = 60 : 5$
$x = 12$

Nur solche Zahlen dürfen an die Stelle von x gesetzt werden, durch die sich 60 teilen lässt!

$60 : 12 = 5$
$60 : 10 > 5$
$60 : 6 > 5$
$60 : 5 > 5$
$60 : 4 > 5$
$60 : 3 > 5$
$60 : 2 > 5$
$60 : 1 > 5$

$\mathbb{L} = \{1; 2; 3; 4; 5; 6; 10\}$

12 Bestimme ebenso die Lösungsmengen der folgenden Ungleichungen.

a) $24 : x < 4$; **b)** $36 : x > 6$; **c)** $48 : x \leqq 12$;
d) $72 : x \geqq 8$; **e)** $60 : x > 12$; **f)** $90 : x \leqq 3$;
g) $80 : x \leqq 16$; **h)** $84 : x > 6$; **i)** $144 : x < 18$;
k) $108 : x \geqq 12$.

6 Ungleichungen mit natürlichen Zahlen

Bei der Ungleichung

$$24 : x < 7$$

versagt unser bisheriges Verfahren.
Die zugehörige Gleichung lautet

$$24 : x = 7$$

Die Probe auf den Divisor führt zu

$$x = 24 : 7$$

Und diese Divisionsaufgabe können wir nicht lösen, weil 24 nicht durch 7 teilbar ist, weil also 7 kein Teiler von 24 ist.
Also hat die Gleichung $24 : x = 7$ für uns keine Lösung.
Um trotzdem zur Lösungsmenge der Ungleichung

$$24 : x < 7$$

zu gelangen, kannst du folgendermaßen vorgehen:

Die gegebene Ungleichung	$24 : x < 7$
formst du zunächst so um, dass auf der rechten Seite der **größte** Teiler von 24 steht, der gerade noch **kleiner** als 7 ist.	
Das ist die Zahl 6.	
Wenn du sie an die Stelle von 7 setzt und gleichzeitig das Zeichen „<" durch das Zeichen „≦" ersetzt, dann erhältst du die Ungleichung	$24 : x \leqq 6$
Diese neue Ungleichung hat dieselbe Lösungsmenge wie die gegebene Ungleichung.	
Und mit dieser neuen Ungleichung geht es nun weiter wie gewohnt.	$24 : x \leqq 6$ → $24 : x = 6$; $x = 24 : 6$; $x = 4$

$x = 4$

$$\begin{aligned} 24 : 4 &= 6 < 7 \\ 24 : 6 &< 7 \\ 24 : 8 &< 7 \\ 24 : 12 &< 7 \\ 24 : 24 &< 7 \end{aligned}$$

$\mathbb{L} = \{4; 6; 8; 12; 24\}$

Weitere Beispiele:

- Die Ungleichung $36 : x < 10$

  wird zu einer Ungleichung mit derselben Lösungsmenge umgeformt: $36 : x \leqq 9$

$$\begin{aligned} 36 : x &= 9 \\ x &= 36 : 9 \\ x &= 4 \end{aligned}$$

Nur solche Zahlen dürfen an die Stelle von x gesetzt werden, die Teiler von 36 sind.

$$\begin{aligned} 36 : 4 &= 9 < 10 \\ 36 : 6 &< 10 \\ 36 : 12 &< 10 \\ 36 : 18 &< 10 \\ 36 : 36 &< 10 \end{aligned}$$

$\mathbb{L} = \{4; 6; 12; 18; 36\}$

- Die Ungleichung $30 : x \leqq 4$

  wird zu einer Ungleichung mit derselben Lösungsmenge umgeformt: $30 : x \leqq 3$

Hier steht der größte Teiler von 30, der gerade noch kleiner ist als 4.

$$\begin{aligned} 30 : x &= 3 \\ x &= 30 : 3 \\ x &= 10 \end{aligned}$$

Nur Teiler von 30 dürfen an die Stelle von x gesetzt werden!

$x = 10$

$30 : 10 = 3 < 4$

$30 : 15 < 4$

$30 : 30 < 4$

$\mathbb{L} = \{10; 15; 30\}$

13 Bestimme ebenso die Lösungsmengen der folgenden Ungleichungen.

a) $24 : x < 5$; **b)** $30 : x < 4$; **c)** $28 : x \leqq 9$;
d) $36 : x < 10$; **e)** $32 : x < 12$; **f)** $96 : x \leqq 15$;
g) $90 : x \leqq 20$; **h)** $125 : x < 90$; **i)** $144 : x < 25$;
k) $120 : x \leqq 44$.

Ganz entsprechend verfährst du mit der Ungleichung

$$24 : 4 > 7$$

Nur musst du in diesem Fall auf die rechte Seite der Ungleichung jetzt den **kleinsten** Teiler von 24 schreiben, der gerade noch **größer** als 7 ist. Das aber ist die Zahl 8.

Und so sieht dann der Lösungsweg aus:

Die gegebene Ungleichung: $24 : x > 7$

Die umgeformte Ungleichung mit derselben Lösungsmenge: $24 : x \geqq 8$

$24 : x = 8$

$x = 24 : 8$

$x = 3$

$24 : 3 = 8 > 7$

$24 : 2 > 7$

$24 : 1 > 7$

$\mathbb{L} = \{1; 2; 3\}$

Weitere Beispiele:

- Die Ungleichung $48 : x > 5$

  wird in eine Ungleichung mit derselben Lösungsmenge umgeformt: $48 : x \geqq 6$

  $48 : x = 6$
  $x = 48 : 6$
  $x = 8$

  Nur Teiler von 48 dürfen an die Stelle von x gesetzt werden!

  $48 : 8 = 6 > 5$
  $48 : 6 > 5$
  $48 : 4 > 5$
  $48 : 3 > 5$
  $48 : 2 > 5$
  $48 : 1 > 5$

  $\mathbb{L} = \{1; 2; 3; 4; 6; 8\}$

- Die Ungleichung $32 : x > 10$

  wird in eine Ungleichung mit derselben Lösungsmenge umgeformt: $32 : x \geqq 16$

  Hier steht der kleinste Teiler von 32, der gerade noch größer ist als 10.

  $32 : x = 16$
  $x = 32 : 16$
  $x = 2$

  $32 : 2 = 16 > 10$
  $32 : 1 > 10$

  $\mathbb{L} = \{1; 2\}$

6 Ungleichungen mit natürlichen Zahlen

14 Berechne ebenso die Lösungsmengen der folgenden Ungleichungen.

a) $144 : x > 25$; **b)** $48 : x > 7$; **c)** $24 : x > 9$;
d) $36 : x > 5$; **e)** $72 : x > 21$; **f)** $64 : x > 14$;
g) $150 : x > 8$; **h)** $136 : x > 18$; **i)** $120 : x > 9$;
k) $128 : x > 23$.

Und nun gehts bunt durcheinander.
Mal größer, mal kleiner als eine vorgegebene Zahl soll der Wert des Quotienten in den folgenden Aufgaben sein.

15 Bestimme die Lösungsmengen.

a) $24 : x \geqq 6$; **b)** $16 : x < 5$; **c)** $36 : x \leqq 7$;
d) $90 : x > 10$; **e)** $72 : x < 5$; **f)** $60 : x \leqq 8$;
g) $120 : x > 18$; **h)** $150 : x < 12$; **i)** $136 : x \geqq 8$;
k) $144 : x > 17$; **l)** $124 : x < 11$; **m)** $48 : x > 5$;
n) $128 : x \geqq 20$; **o)** $24 : x < 9$; **p)** $90 : x \geqq 6$;
q) $48 : x \leqq 3$; **r)** $60 : x > 11$; **s)** $72 : x \geqq 8$;
t) $16 : x > 3$; **u)** $120 : x > 10$.

Noch bunter geht es in der anschließenden Aufgabe zu. In ihr treten in willkürlicher Reihenfolge alle bisher behandelten Arten von Ungleichungen auf.

16 Bestimme die Lösungsmengen der folgenden Ungleichungen.

a) $x - 17 > 25$; **b)** $x - 17 > 18$; **c)** $24 - x \leqq 8$;
d) $15 \cdot x < 165$; **e)** $x : 12 > 5$; **f)** $36 : x \leqq 4$;
g) $18 \cdot x < 125$; **h)** $x - 325 < 17$; **i)** $x \cdot 25 > 120$;
k) $72 : x < 10$; **l)** $x \cdot 17 > 100$; **m)** $135 + x \leqq 210$;
n) $27 \cdot x > 216$; **o)** $x : 16 \geqq 8$; **p)** $64 : x > 16$;
q) $x : 24 \leqq 15$; **r)** $435 + x \geqq 500$; **s)** $478 - x > 452$;
t) $x : 44 < 22$; **u)** $21 \cdot x \geqq 63$; **v)** $144 : x \leqq 12$.

Kapitel 7

Lösungen

1. Kapitel

1

a) 833; 346 = 833 – 487; **b)** 13 832; 3988 = 18 832 – 9844;
c) 39 629; 2964 = 39 629 – 36 665;
d) 142 922; 76 544 = 142 922 – 66 378;
e) 138 663; 34 096 = 138 663 – 104 567.

2

a) 13 429; 9942 = 13 429 – 3487;
b) 161 808; 84 254 = 161 808 – 77 554;
c) 34 209; 245 = 34 209 – 33 964;
d) 145 619; 34 508 = 145 619 – 111 111;
e) 90 319; 12 365 = 90 319 – 77 954.

3

a) 1789; 3467 = 1789 + 1678; **b)** 3407; 7395 = 3407 + 3988;
c) 20 023; 32 877 = 20 023 + 12 854;
d) 88 958; 123 657 = 88 958 + 34 699;
e) 54 855; 178 654 = 54 855 + 123 799.

4

a) 13 196; 32 671 = 45 867 – 13 196;
b) 49 242; 7651 = 56 893 – 49 242;
c) 142 328; 2349 = 144 677 – 142 328;
d) 287 660; 45 673 = 333 333 – 287 660;
e) 66 752; 133 034 = 199 786 – 66 752.

5

a) 26 910; 345 = 26 910 : 78; **b)** 10 500; 125 = 10 500 : 84;
c) 2 178 043; 7589 = 2 178 043 : 287;
d) 12 001 170; 34 786 = 12 001 170 : 345;
e) 36 648 242; 40 406 = 36 648 242 : 907.

6

a) 7956; 68 = 7956 : 117;
b) 2 248 668; 564 = 2 248 668 : 3987;
c) 6 829 326; 534 = 6 829 326 : 12 789;
d) 16 265 284; 356 = 16 265 284 : 45 689;
e) 23 466 900; 230 = 23 466 900 : 102 030.

7

a) 235; 7990 = 235 · 34; **b)** 344; 33 712 = 344 · 98;
c) 123; 10 701 = 123 · 87; **d)** 111; 25 863 = 111 · 233;
e) 605; 260 755 = 605 · 431.

8

a) 333; 54 = 17 982 : 333; **b)** 9102; 72 = 655 344 : 9102;
c) 3033; 49 = 148 617 : 3033; **d)** 305; 245 = 74 725 : 305;
e) 606; 505 = 306 030 : 606.

Test zum 1. Kapitel

1

a) 161 376; 328 = 161 376 : 492;
b) 1277; 542 = 1277 – 735;
c) 8; 144 = 8 · 18;
d) 181; 399 = 181 + 218;
e) 5092; 1744 = 5092 – 3348;
f) 305; 26 = 7930 : 305;
g) 128 385; 317 = 128 385 : 405;
h) 1879; 476 = 2355 – 1879;
i) 6 073 105; 2021 = 6 073 105 : 3005;
k) 13 256; 3257 = 13 256 – 9999;
l) 401, 35 689 = 401 · 89;
m) 9091; 17 438 = 9091 + 8347;
n) 105 715; 93 407 = 105 715 – 12 308;
o) 55; 108 = 5940 : 55.

2

a) 348 + 25 = 373; 348 = 373 – 25; 25 = 373 – 348;
b) 288 : 16 = 18; 16 = 288 : 18;
c) 3705 – 2122 = 1583; 2122 = 3705 – 1583;
d) 481 · 15 = 7215; 481 = 7215 : 15; 15 = 7215 : 481;
e) 7308 – 2071 = 5237; 7308 = 5237 + 2071;
f) 83 781 + 16 219 = 100 000; 83 781 = 100 000 – 16 219;
16 219 = 100 000 – 83 781;
g) 5656 : 56 = 101; 5656 = 101 · 56;
h) 607 · 480 = 291 360; 607 = 291 360 : 480; 480 = 291 360 : 607.

2. Kapitel

1

a) 442; zu welcher Zahl muss ich 83 addieren, um 525 zu erhalten?
b) 115;
c) 202;
d) 2981;
e) 731;
f) 1107;
g) 1102;
h) 74 283;
i) 530 865;
k) 6575.

2

a) x + 2467 = 3487; x = 1020;
b) x + 23 456 = 50 000; x = 26 544;
c) x + 3488 = 7589; x = 4101;
d) x + 450 = 596; x = 146;
e) x + 999 = 1249; x = 250;
f) x + 100 = 9999; x = 9899.

3

a) 43; welche Zahl muss ich zu 46 addieren, um 89 zu erhalten?
b) 122;
c) 1788;
d) 2197;
e) 2069;
f) 8680;
g) 10 014;
h) 14 934;
i) 1 810 322;
k) 104 278.

4

a) 3478 + x = 4598; x = 1120;
b) 34 621 + x = 45 322; x = 10 701;
c) 457 + x = 746; x = 289;
d) 34 599 + x = 50 000; x = 15 401;
e) 99 + x = 1000; x = 901;
f) 100 + x = 999; x = 899;
g) 2698 + x = 5694; x = 2996.

5

a) 72; von welcher Zahl muss ich 49 subtrahieren, um 23 zu erhalten?
b) 813; **c)** 4983; **d)** 61 023;
e) 82 348; **f)** 100 216; **g)** 462 212;
h) 777 777; **i)** 199 998; **k)** 95 449.

6

a) x – 3467 = 4566; x = 8033; **b)** x – 66 578 = 75 411; x = 141 989;
c) x – 7623 = 346; x = 7969; **d)** x – 999 = 99; x = 1098;
e) x – 34 789 = 67 599; x = 102 388;
f) x – 1000 = 9999; x = 10 999; **g)** x – 2009 = 4507; x = 6516.

7

a) 29; welche Zahl muss ich von 83 subtrahieren, um 54 zu erhalten?
b) 196; **c)** 254; **d)** 21 566;
e) 13 079; **f)** 119 094; **g)** 70 662;
h) 404 040; **i)** 294 515; **k)** 91 089.

8

a) 7345 – x = 3728; x = 3617; **b)** 17 389 – x = 13 785; x = 3604;
c) 44 333 – x = 12 345; x = 31 988;
d) 153 728 – x = 9999; x = 143 729;
e) 100 000 – x = 12 367; x = 87 633;
f) 99 999 – x = 1000; x = 98 999;
g) 100 000 – x = 56 789; x = 43 211.

9

a) 23; welche Zahl muss ich mit 47 multiplizieren, um 1081 zu erhalten?
b) 38; **c)** 12; **d)** 123;
e) 256; **f)** 522; **g)** 631;
h) 125; **i)** 144; **k)** 399.

10

a) x · 328 = 51 824; x = 158; **b)** x · 758 = 84 138; x = 111;
c) x · 225 = 194 625; x = 865; **d)** x · 999 = 249 750; x = 250;
e) x · 80 = 10 000; x = 125; **f)** x · 1000 = 100 000; x = 100;
g) x · 708 = 235 764; x = 333.

11

a) 13; mit welcher Zahl muss man 34 multiplizieren, um 442 zu erhalten?
b) 24; **c)** 99; **d)** 333;
e) 650; **f)** 321; **g)** 55;
h) 8351; **i)** 505; **k)** 303.

12

a) 43 · x = 8858; x = 206; **b)** 15 · x = 14 475; x = 965;
c) 208 · x = 27 664; x = 133; **d)** 999 · x = 98 901; x = 99;
e) 55 · x = 54 285; x = 987; **f)** 100 · x = 100 000; x = 1000;
g) 538 · x = 58 104; x = 108.

13

a) 850; welche Zahl muss man durch 34 dividieren, um 25 zu erhalten?
b) 3978; **c)** 6860; **d)** 6860;
e) 172 530; **f)** 308 025; **g)** 493 770;

13 **h)** 493 770; **i)** 4 131 000; **k)** 25 700 311.

14
a) x : 28 = 93; x = 2604; **b)** x : 12 = 305; x = 3660;
c) x : 144 = 17; x = 2448; **d)** x : 99 = 10; x = 990;
e) x : 99 = 999; x = 98 901; **f)** x : 999 = 99; x = 98 901;
g) x : 204 = 3054; x = 623 016.

15
a) 25; durch welche Zahl muss man 825 dividieren, um 33 zu erhalten?
b) 111; **c)** 56; **d)** 805;
e) 19; **f)** 625; **g)** 250;
h) 321; **i)** 1212; **k)** 2222.

16
a) 1125 : x = 45; x = 25; **b)** 3232 : x = 202; x = 16;
c) 40 795 : x = 199; x = 205; **d)** 9999 : x = 101; x = 99;
e) 224 224 : x = 4004; x = 56; **f)** 124 875 : x = 999; x = 125;
g) 81 792 : x = 568; x = 144.

17
a) 1105; zu welcher Zahl muss man 3728 addieren, um 4833 zu erhalten?
b) 56; welche Zahl muss man mit 128 multiplizieren, um 7168 zu erhalten?
c) 1287; welche Zahl muss man von 3388 subtrahieren, um 2101 zu erhalten?
d) 24 355; welche Zahl muss man zu 53 422 addieren, um 77 777 zu erhalten?
e) 27 675; welche Zahl muss man durch 135 dividieren, um 205 zu erhalten?
f) 125; mit welcher Zahl muss ich 405 multiplizieren, um 50 625 zu erhalten?
g) 233; durch welche Zahl muss man 10 951 dividieren, um 47 zu erhalten?
h) 70 887; von welcher Zahl muss ich 47 388 subtrahieren, um 23 499 zu erhalten?
i) 206; welche Zahl muss ich mit 175 multiplizieren, um 36 050 zu erhalten?
k) 274 602; welche Zahl muss man zu 735 499 addieren, um 1 010 101 zu erhalten?

18
a) 3587 – x = 2199; x = 1388; **b)** x · 183 = 41 175; x = 225;
c) x – 4568 = 3497; x = 8065; **d)** 24 581 + x = 56 731; x = 32 150;
e) 11 074 : x = 113; x = 98; **f)** 3507 · x = 697 893; x = 199;
g) 56 703 – x = 43 879; x = 12 824; **h)** x : 406 = 345; x = 140 070;
i) x + 45 601 = 50 000; x = 4399; **k)** x : 401 = 234; x = 93 834.

Test zum 2. Kapitel

1

a) 1610; **b)** 65; **c)** 2231;
d) 385 550; **e)** 1768; **f)** 3322;
g) 211; **h)** 3463; **i)** 88;
k) 303; **l)** 7116; **m)** 333;
n) 99; **o)** 2574; **p)** 2078.

2

a) $x + 3788 = 4913$; $x = 1125$; **b)** $5555 - x = 3219$; $x = 2336$;
c) $8544 : x = 356$; $x = 24$; **d)** $x \cdot 225 = 2925$; $x = 13$;
e) $x - 783 = 2391$; $x = 3174$; **f)** $x : 99 = 328$; $x = 32\,472$;
g) $9083 + x = 10\,000$; $x = 917$; **h)** $x - 3121 = 1213$; $x = 4334$;
i) $3711 + x = 4934$; $x = 1223$; **k)** $99 \cdot x = 3168$; $x = 32$;
l) $x : 122 = 125$; $x = 15\,250$; **m)** $4908 : x = 409$; $x = 12$;
n) $x - 3722 = 2273$; $x = 5995$; **o)** $29 \cdot x = 6409$; $x = 221$.

3. Kapitel

1

a) $x + 575 = 3240$; $x = 2665$; **b)** $3174 + x = 4777$; $x = 1603$;
c) $x - 4092 = 122$; $x = 4214$; **d)** $203 + x = 8250$; $x = 8047$;
e) $906 \cdot x = 366\,024$; $x = 404$; **f)** $x \cdot 5125 = 281\,875$; $x = 55$;
g) $x : 49 = 9300$; $x = 455\,700$; **h)** $56\,820 : x = 947$; $x = 60$;
i) $2562 - x = 9$; $x = 2553$; **k)** $x : 704 = 281$; $x = 197\,824$;
l) $663 + x = 3042$; $x = 2379$; **m)** $x - 114 = 26\,422$; $x = 26\,536$.

2

a) $x + 17 \cdot 45 = 33 \cdot 82$; $x = 1941$;
b) $5904 : 24 + x = 28 \cdot 37$; $x = 790$;
c) $x : (3228 - 2838) = 472 + 999$; $x = 573\,690$;
d) $(63\,489 + 60\,036) : x = 3278 - 2873$; $x = 305$;
e) $333 \cdot 222 - x = 9998 + 3877$; $x = 60\,051$;
f) $x - (2386 + 1233) = 18 \cdot 245$; $x = 8029$;
g) $x \cdot (6803 - 5210) = 13\,555 + 11\,933$; $x = 16$;
h) $(785 + 387) \cdot x = 591 \cdot 36$; $x = 18$;
i) $2 \cdot (3875 + 2183) - x = (3875 - 2183) : 2$; $x = 11\,270$;
k) $25 \cdot 625 - x = 902\,289 : 201$; $x = 11\,136$;
l) $(283 + 125) \cdot (283 - 125) + x = 1\,725\,000 : 23$; $x = 10\,536$;
m) $x \cdot (12\,100 : 44) = 5 \cdot (220 \cdot 22)$; $x = 88$;
n) $x + (427 - 378) = 427 + 378$; $x = 756$;
o) $x \cdot (2727 : 27) = 2727 \cdot 27$; $x = 729$;
p) $(115 + 86) \cdot x = 3600 : 2 + 9$; $x = 9$;
q) $x \cdot (36 : 3 - 36 : 4) = (36 : 6) \cdot (36 : 9)$; $x = 8$;
r) $120 \cdot (288 : 4 + 288 : 18) - x = (138 + 98) \cdot (138 - 98)$; $x = 1120$.

Test zum 3. Kapitel

1

a) x + 1092 = 11 435; x = 10 343; **b)** 975 – x = 114; x = 861;
c) x – 654 = 1232; x = 1886; **d)** x : 107 = 7; x = 749;
e) x · 8 = 1000; x = 125; **f)** 3689 – x = 16; x = 3673;
g) x – 27 676 = 29 754; x = 57 430; **h)** 35 456 + x = 51 696; x = 16 240;
i) 18 : x = 3; x = 6; **k)** 573 · x = 14 325; x = 25.

2

a) x + 26 · 18 = 23 328 : 36; x = 180;
b) x : (388 – 242) = 38 · 15; x = 83 220;
c) (9328 – 8788) · x = 12 · (3333 + 2427); x = 128;
d) (947 · 60) : x = 36 933 : 39; x = 60;
e) 4 · (1399 – 977) – x = (489 + 777) : 2; x = 1055;
f) x – (3105 – 2412) = (475 + 328) · (475 – 328); x = 118 734;
g) 5 · (325 – 193) – x = (325 + 193) : 2; x = 401;
h) x : (315 : 3 – 315 : 5) = (87 + 63) · (87 – 63); x = 151 200;
i) x + (1365 : 3 – 1365 : 7) : 2 = (1365 : 13 + 1365 : 5) · 5; x = 1760;
k) (1540 : 4 + 1540 : 5) : x = (3897 – 1125) : 12; x = 3.

4. Kapitel

1

a) 15; **b)** 4; **c)** 17; **d)** 17;
e) 13; **f)** 9; **g)** 18; **h)** 21;
i) 19; **k)** 112; **l)** 45; **m)** 255.

2

a) 7 · x + 199 = 395; x = 28; **b)** 9 · x – 333 = 180; x = 57;
c) 333 – 9 · x = 180; x = 17; **d)** 121 · x – 388 = 3000; x = 28;
e) 3279 + 152 · x = 8599; x = 35; **f)** 758 – 22 · x = 274; x = 22;
g) 21 · x + 422 = 800; x = 18; **h)** x · 3 – 14 = 49; x = 21;
i) x · 17 + 14 = 269; x = 15; **k)** 488 – 25 · x = 313; x = 7;
l) 7 · x – 597 = 999; x = 228; **m)** x · 99 – 90 = 999; x = 11.

3

a) 75; **b)** 189; **c)** 48; **d)** 324;
e) 6; **f)** 425; **g)** 540; **h)** 10 000;
i) 3520; **k)** 11 152; **l)** 16; **m)** 14 154.

4

a) x : 3 + 88 = 129; x = 123; **b)** 455 + x : 15 = 518; x = 945;
c) x : 11 – 148 = 1; x = 1639; **d)** 573 – x : 16 = 300; x = 4368;
e) 1728 – x : 8 = 1000; x = 5824; **f)** x : 25 – 333 = 100; x = 10 825;
g) x : 2 + 1288 = 10 000; x = 17 424; **h)** x : 2 – 788 = 356; x = 2288;
i) x : 10 + 1256 = 2000; x = 7440; **k)** 2708 – x : 44 = 1987; x = 31 724.

5
a) 21; b) 189; c) 291; d) 13;
e) 233; f) 4066; g) 55; h) 12;
i) 13 608; k) 209; l) 3210; m) 3885;
n) 203; o) 34 845; p) 38; q) 2626;
r) 19; s) 168; t) 111; u) 256;
v) 42 660; w) 756; x) 43 656; y) 23 814;
z) 211.

6
a) $7 \cdot x + 28 = 140$; $x = 16$; b) $388 - x : 7 = 257$; $x = 917$;
c) $219 - 15 \cdot x = 24$; $x = 13$; d) $x : 17 - 439 = 500$; $x = 15\,963$;
e) $x \cdot 2 - 3445 = 7327$; $x = 5386$; f) $x : 2 - 4983 = 1325$; $x = 12\,616$;
g) $x : 10 + 2345 = 5432$; $x = 30\,870$; h) $4347 + x \cdot 999 = 16\,335$; $x = 12$;
i) $192 : x + 56 = 60$; $x = 48$; k) $7388 - 288 \cdot x = 3932$; $x = 12$;
l) $10\,000 - x \cdot 125 = 1875$; $x = 65$; m) $348 - 3024 : x = 222$; $x = 24$.

7
a) $x \cdot 17 + 45 = 640$; $x = 35$; b) $112 - 137 \cdot x = 112$; $x = 0$;
c) $x : 4 - 178 = 52$; $x = 920$; d) $17\,856 + 15 \cdot x = 18\,276$; $x = 28$;
e) $906 \cdot x - 35 = 19\,897$; $x = 22$; f) $x : 704 - 273 = 8$; $x = 197\,824$;
g) $7106 - x : 52 = 1329$; $x = 300\,404$; h) $136 + x : 15 = 17\,732$; $x = 263\,940$;
i) $17\,732 - x : 15 = 136$; $x = 263\,940$; k) $4752 : x + 26\,600 = 26\,864$; $x = 18$.

Test zum 4. Kapitel

1
a) 20; b) 56; c) 123; d) 48;
e) 22 068; f) 113; g) 36; h) 278 528;
i) 17; k) 48.

2
a) $12 \cdot x + 345 = 621$; $x = 23$; b) $x : 7 - 38 = 88$; $x = 882$;
c) $5 \cdot x - 137 = 193$; $x = 66$; d) $428 - x : 2 = 144$; $x = 568$;
e) $x : 15 + 327 = 500$; $x = 2595$; f) $x \cdot 12 - 488 = 1000$; $x = 124$;
g) $1225 - 3400 : x = 800$; $x = 8$; h) $4388 - x \cdot 125 = 888$; $x = 28$;
i) $x : 10 + 389 = 733$; $x = 3440$; k) $x : 2 - 285 = 555$; $x = 1680$.

3
a) $x : 12 + 3025 = 3125$; $x = 1200$; b) $4 \cdot x - 8 = 532$; $x = 135$;
c) $2489 - 1424 : x = 2400$; $x = 16$; d) $215 \cdot x + 4752 = 11\,847$; $x = 33$;
e) $12\,000 + x : 56 = 12\,128$; $x = 7168$; f) $896 : x + 957 = 1013$; $x = 16$;
g) $x \cdot 172 - 56 = 4416$; $x = 26$;
h) $86\,125 - 48\,500 : x = 86\,000$; $x = 388$;
i) $1200 \cdot x - 65\,268 = 1932$; $x = 56$; k) $x : 12 - 132 = 26$; $x = 1896$.

5. Kapitel

1

a) 14; **b)** 35; **c)** 307; **d)** 41;
e) 10; **f)** 2389; **g)** 101; **h)** 210;
i) 296; **k)** 175; **l)** 594; **m)** 352;
n) 4232; **o)** 288; **p)** 250; **q)** 2921;
r) 5348; **s)** 663; **t)** 18; **u)** 3.

2

a) (x + 21) · 44 = 1584; x = 15; **b)** (x – 322) : 15 = 38; x = 892;
c) (378 – x) · 25 = 7500; x = 78; **d)** (x + 378) : 28 = 36; x = 630;
e) 3825 – (2434 – x) = 2559; x = 1168;
f) 792 : (x : 18) = 33; x = 432; **g)** (11 · x) : 14 = 77; x = 98;
h) (x : 15) · 288 = 2592; x = 135; **i)** 7556 – (x + 6388) = 1000; x = 168;
k) (120 · x) : 88 = 60; x = 44; **l)** (672 : x) · 25 = 700; x = 24;
m) (x · 256) : 44 = 192; x = 33.

3

a) 8 · (18 + x) = 272; x = 16; **b)** (125 – x) · 19 = 1748; x = 33;
c) 2420 : (x + 12) = 55; x = 32; **d)** (x – 39) : 88 = 36; x = 3207;
e) 58 · (x + 43) = 6090; x = 62; **f)** (x – 2117) : 33 = 402; x = 15 383;
g) 85 · (x – 386) = 3315; x = 425; **h)** (x + 444) · 33 = 21 978; x = 222;
i) 2565 : (425 – x) = 45; x = 368; **k)** (x + 92) · 15 = 1650; x = 18;
l) 8241 : (x – 87) = 201; x = 128; **m)** (89 – x) · 44 = 2332; x = 36;
n) (x – 22) · 48 + 2997 = 4101; x = 45;
o) (860 + x) : 12 + 4372 = 7777; x = 40 000.

Test zum 5. Kapitel

1

a) 62; **b)** 1000; **c)** 142; **d)** 67; **e)** 1910;
f) 330; **g)** 7; **h)** 811; **i)** 2040; **k)** 15.

2

a) (x + 25) · 15 = 720; x = 23; **b)** (x – 425) : 21 = 43; x = 1328;
c) (x – 12) · 24 = 840; x = 47; **d)** (12 · x) : 15 = 100; x = 125;
e) (x : 18) · 25 = 600; x = 432; **f)** 6875 – (x + 235) = 5000; x = 1640;
g) (1068 : x) · 25 = 2225; x = 12; **h)** (x · 144) : 33 = 48; x = 11;
i) 14 · (x + 122) = 3500; x = 128; **k)** (x : 48) : 3 = 15; x = 2160.

3

a) 9 · (x + 22) = 405; x = 23; **b)** (378 – x) : 36 = 8; x = 90;
c) (x – 44) · 13 = 312; x = 68; **d)** (128 – x) · 24 = 1728; x = 56;
e) 6231 : (x – 124) = 201; x = 155; **f)** (x + 42) · 29 = 1885; x = 23;
g) 12 432 – 114 · (133 – x) = 120; x = 25;
h) 11 748 + 215 · (x – 512) = 44 858; x = 666;
i) 108 · (45 – x) – 916 = 2000; x = 18;
k) 2684 : (x – 33) + 8250 = 8272; x = 155.

6. Kapitel

1

a) {0; 1; 2; 3;...; 33}; **b)** {0; 1; 2; 3;...; 23}; **c)** {0; 1; 2; 3;...; 43};
d) {16; 17; 18;...}; **e)** {13; 14; 15;...}; **f)** {0; 1; 2; 3;...; 11};
g) {0; 1; 2; 3;...; 44}; **h)** {0; 1; 2; 3;...; 44}; **i)** {0; 1; 2; 3;...; 66};
k) {68; 69; 70;...}; **l)** {0; 1; 2; 3;...; 67}; **m)** {67; 68; 69;...}.

2

a) {0; 1; 2; 3;...; 98}; **b)** {0; 1; 2; 3;...; 42}; **c)** {0; 1; 2; 3;...; 495};
d) {0; 1; 2; 3;...; 172}; **e)** {0; 1; 2; 3;...; 1347}; **f)** {0; 1; 2; 3;...; 244};
g) {0; 1; 2; 3;...; 301}; **h)** {0; 1; 2; 3;...; 302}; **i)** {0; 1; 2; 3;...; 178};
k) {0; 1; 2; 3;...; 178}.

3

a) {146; 147; 148;...}; **b)** {148; 149; 150;...}; **c)** {495; 496; 497;...};
d) {199; 200; 201;...}; **e)** {77; 78; 79;...}; **f)** {187; 188; 189;...};
g) {103; 104; 105;...}; **h)** {1125; 1126; 1127;...};
i) {1125; 1126; 1127;...};
k) {1126; 1127; 1128;...}.

4

a) {0; 1; 2; 3;...; 292}; **b)** {107; 108; 109;...}; **c)** {0; 1; 2; 3;...; 439};
d) {0; 1; 2; 3;...; 89}; **e)** {0; 1; 2; 3;...; 128}; **f)** {116; 117; 118;...};
g) {0; 1; 2; 3;...; 494}; **h)** {3087; 3088; 3089;...};
i) {0; 1; 2; 3;...; 196}; **k)** {197; 198; 199;...}; **l)** {124; 125; 126;...};
m) {0; 1; 2; 3;...; 135}; **n)** {0; 1; 2; 3;...; 3209}; **o)** {186; 187; 188;...};
p) {298; 299; 300;...}; **q)** {2; 3; 4;...}; **r)** {0; 1; 2; 3;...};
s) {1; 2; 3;...}; **t)** {0}; **u)** {};
v) {0}; **w)** {}; **x)** {0; 1; 2; 3;...};
y) {}.

5

a) {30; 31; 32;...}; **b)** {23; 24; 25; 26; 27};
c) {54; 55; 56;...; 131}; **d)** {50; 51; 52;...};
e) {179; 180; 181;...}; **f)** {95; 96; 97;...; 217};
g) {244; 245; 246;...; 368}; **h)** {821; 822; 833;...};
i) {555; 556; 557;...; 1110}; **k)** {1111; 1112; 1113;...}.

6

a) {8; 9; 10;...; 15}; **b)** {0; 1; 2; 3;...; 15};
c) {32; 33; 34;...; 57}; **d)** {0; 1; 2; 3;...; 51};
e) {0; 1; 2; 3}; **f)** {190; 191; 192;...; 376};
g) {222; 223; 224;...; 444}; **h)** {0; 1; 2; 3;...; 311};
i) {0; 1; 2; 3;...; 848}; **k)** {266; 267; 268;...; 1244}.

7
a) {0; 1; 2; 3}; b) {10; 11; 12;...}; c) {0; 1; 2; 3; 4; 5};
d) {9; 10; 11; 12;...}; e) {17; 18; 19;...}; f) {0; 1; 2; 3;...; 23};
g) {0; 1; 2; 3;...; 32}; h) {66; 67; 68;...}; i) {0; 1; 2; 3;...; 35};
k) {88; 89; 90;...}.

8
a) {0; 1; 2; 3; 4; 5}; b) {0; 1; 2; 3; 4; 5; 6}; c) {0; 1; 2; 3; 4};
d) {0; 1; 2}; e) {0; 1; 2; 3;...; 12}; f) {0; 1; 2; 3;...; 13};
g) {0; 1; 2; 3}; h) {0; 1; 2; 3}; i) {0; 1; 2; 3};
k) {0; 1; 2; 3}.

9
a) {5; 6; 7;...}; b) {13; 14; 15;...}; c) {5; 6; 7;...};
d) {7; 8; 9;...}; e) {8; 9; 10;...}; f) {7; 8; 9;...};
g) {7; 8; 9;...}; h) {23; 24; 25;...}; i) {4; 5; 6;...};
k) {4; 5; 6;...}.

10
a) {8; 9; 10;...}; b) {0; 1; 2; 3}; c) {0; 1; 2; 3; 4};
d) {10; 11; 12;...}; e) {0; 1; 2;...; 6}; f) {0; 1; 2;...; 7};
g) {5; 6; 7;...}; h) {0; 1; 2; 3}; i) {8; 9; 10;...};
k) {0; 1; 2;...; 8}; l) {9; 10; 11;...}; m) {0; 1; 2; 3; 4};
n) {0; 1; 2;...; 6}; o) {6; 7; 8;...}; p) {6; 7; 8;...};
q) {0; 1; 2; 3; 4; 5}; r) {0; 1; 2;...; 9}; s) {4; 5; 6;...};
t) {0; 1; 2;...; 8}; u) {8; 9; 10;...}; v) {0; 1; 2;...; 7}.

11
a) {0; 5; 10; 15; 20; 25}; b) {24; 28; 32;...};
c) {72; 80; 88;...}; d) {0; 8; 16; 24;...; 56};
e) {0; 12; 24; 36; 48; 60; 72}; f) {300; 325; 350;...};
g) {0; 15; 30; 45;...; 195}; h) {0; 11; 22; 33;...; 154};
i) {1250; 1375; 1500;...}; k) {0; 45; 90; 135;...; 8010}.

12
a) {8; 12; 24}; b) {1; 2; 3; 4};
c) {4; 6; 8; 12; 16; 24; 48}; d) {1; 2; 3; 4; 6; 8; 9};
e) {1; 2; 3; 4}; f) {30; 45; 90};
g) {5; 8; 10; 16; 20; 40; 80}; h) {1; 2; 3; 4; 6; 7; 12};
i) {9; 12; 16; 18; 24; 36; 48; 72; 144};
k) {1; 2; 3; 4; 6; 9}.

13
a) {6; 8; 12; 24}; b) {10; 15; 30};
c) {4; 7; 14; 28}; d) {4; 6; 9; 12; 18; 36};
e) {4; 8; 16; 32}; f) {8; 12; 16; 24; 32; 48; 96};
g) {5; 6; 9; 10; 15; 18; 30; 45; 90}; h) {5; 25; 125};
i) {6; 8; 9; 12; 16; 18; 24; 36; 48; 72; 144};
k) {3; 4; 5; 6; 8; 10; 12; 15; 20; 24; 30; 40; 60; 120}.

14

a) {1; 2; 3; 4};
b) {1; 2; 3; 4; 6};
c) {1; 2};
d) {1; 2; 3; 4; 6};
e) {1; 2; 3};
f) {1; 2; 4};
g) {1; 2; 3; 4; 5; 6; 10; 15};
h) {1; 2; 4};
i) {1; 2; 3; 4; 5; 6; 8; 10; 12};
k) {1; 2; 4}.

15

a) {1; 2; 3; 4};
b) {4; 8; 16};
c) {6; 9; 12; 18; 36};
d) {1; 2; 3; 5; 6};
e) {18; 24; 36; 72};
f) {10; 12; 15; 20; 30; 60};
g) {1; 2; 3; 4; 5; 6};
h) {15; 25; 30; 50; 75; 150};
i) {1; 2; 4; 8; 17};
k) {1; 2; 3; 4; 6; 8};
l) {31; 62; 124};
m) {1; 2; 3; 4; 6; 8};
n) {1; 2; 4};
o) {3; 4; 6; 8; 12; 24};
p) {1; 2; 3; 5; 6; 9; 10; 15};
q) {16; 24; 48};
r) {1; 2; 3; 4; 5};
s) {1; 2; 3; 4; 6; 8; 9};
t) {1; 2; 4};
u) {1; 2; 3; 4; 5; 6; 8; 10}.

16

a) {43; 44; 45;...};
b) {36; 37; 38;...};
c) {16; 17; 18;...; 24};
d) {0; 1; 2; 3;...; 10};
e) {72; 84; 96; 108;...};
f) {9; 12; 18; 36};
g) {0; 1; 2; 3; 4; 5; 6};
h) {325; 326; 327;...; 341};
i) {5; 6; 7;...};
k) {8; 9; 12; 18; 24; 36; 72};
l) {6; 7; 8;...};
m) {0; 1; 2; 3;...; 75};
n) {9; 10; 11;...};
o) {128; 144; 160; 176;...};
p) {1; 2};
q) {0; 24; 48; 72; 96;...; 360};
r) {65; 66; 67;...};
s) {0; 1; 2; 3;...; 25};
t) {0; 44; 88; 132;...; 924};
u) {3; 4; 5;...};
v) {12; 16; 18; 24; 36; 48; 72; 144}.